休闲体育的

理论研究、项目指导与产业管理

李志灏 著

经济管理出版社
ECONOMY & MANAGEMENT PUBLISHING HOUSE

图书在版编目(CIP)数据

休闲体育的理论研究、项目指导与产业管理 / 李志灏著. —北京:经济管理出版社, 2021.6（2025.7 重印）
ISBN 978-7-5096-8096-4

Ⅰ. ①休… Ⅱ. ①李… Ⅲ. ①休闲体育—理论研究②休闲体育—项目管理—研究 Ⅳ. ①G811.4

中国版本图书馆 CIP 数据核字(2021)第 125619 号

组稿编辑：张馨予
责任编辑：张馨予
责任印刷：张莉琼
责任校对：王淑卿

出版发行：经济管理出版社
（北京市海淀区北蜂窝 8 号中雅大厦 A 座 11 层 100038）
网　　址：www. E-mp. com. cn
电　　话：(010)51915602
印　　刷：唐山玺诚印务有限公司
经　　销：新华书店
开　　本：710mm×1000mm/16
印　　张：11. 75
字　　数：205 千字
版　　次：2021 年 8 月第 1 版　2025 年 7 月第 2 次印刷
书　　号：ISBN 978-7-5096-8096-4
定　　价：68. 00 元

·版权所有　翻印必究·
凡购本社图书，如有印装错误，由本社读者服务部负责调换。
联系地址：北京阜外月坛北小街 2 号
电话：(010)68022974　邮编：100836

前言

近年来，随着社会经济的发展、科学技术水平的提高、人们体育观念的改变，人们已经不再满足于目前的物质生活，越来越多的人开始追求精神层面的享受，休闲体育逐渐得到关注和重视。再加上快节奏的生活增加了人们的工作与生活压力，各种“城市病”“富贵病”使人们意识到了身体健康的重要性。在此背景下，在民族化、群众性、科学性等方面有着重要社会价值的休闲体育受到了人们的广泛喜爱，并逐渐被视作一种时尚的健康生活方式。

休闲体育可以满足人们强身健体的需求，休闲体育产业的发展也具有极高的社会价值。体育休闲产业作为我国经济的重要组成部分，在推动社会发展中起着十分重要的作用。休闲体育产业要把握发展的机遇，应对当前的挑战，实现快速稳定的发展。

鉴于此，笔者撰写了《休闲体育的理论研究、项目指导与产业管理》一书，在对休闲体育的相关理论进行概述的基础上，首先对休闲体育文化和休闲体育的科学运动进行分析，其次对休闲体育的球类项目、游戏类项目、心智类项目、极限类项目进行了具体介绍，并提出了指导意见，最后对休闲体育产业的运作与管理进行了深入探究。

本书一共分为九章。第一章是绪论，具体论述了休闲体育的概念与内涵、内容与分类、特点与功能、现状与发展。第二章对休闲体育的多元理论进行概述，具体包括休闲体育的休闲论、娱乐论、游戏论、健康论、手段方法论和经营管理论。第三章对休闲体育文化的内涵进行解读，首先对休闲体育文化进行概述，然后在此基础上对休闲体育的审美文化、环境文化和消费文化分别进行阐述。第四章从科学训练、营养保障、损伤处理、医务监督四个角度，对休闲体育的科学运动进行分析。第五章对休闲体育室内、室外球类项目指导的相关内容进行论述。第六章对传统游戏、水中游戏、趣味游戏三种休闲体育游戏类项目指导的相关内容进行论述。第七章对象棋、围棋、桥牌、麻将、电子竞技五种休闲体育心智类项目指导的相关内容进行论述。第八章对休闲体育极限类项目指导的相关内容进行论述，具体包括登山、攀岩、蹦极、速降、轮滑、滑板、潜水、冲浪、漂流、滑雪、滑翔伞、热气球、定向越野和野外生存。第九章对休闲体育产业的运作与管理进行探究，具体介绍了体育健身休闲产业、体育旅游产业、体育赛事产业三类休闲体育产业的运作与管理。

本书在编撰过程中吸收和借鉴了多位专家、学者关于休闲体育及休闲体育产业的相关研究成果，在此向他们表示由衷的感谢。由于本人时间和能力有限，书中难免存在疏漏与不妥之处，也期望广大同仁、读者给予批评指正。希望本书能为关注我国休闲体育发展的相关工作者提供一定的理论和实践指导。

李志灏

2021 年 1 月

目　录

第一章　绪论

随着经济的发展和人民生活水平的不断提高，人们对休闲与健康之间的关系愈加重视，休闲体育也就应运而生。本章主要从概念与内涵、内容与分类、特点与功能、现状与发展四个角度，对休闲体育进行整体概述，以使人们对休闲体育有更清晰的认识。

第一节　休闲体育的概念与内涵

一、休闲体育的概念

体育活动不仅可以提高人们的身体机能，还可以促进人们的身心健康。休闲活动是人们喜闻乐见的休闲生活方式。随着体育在人们闲暇生活中的渗透程度不断加深，休闲体育运动已经逐渐发展成为一个相对独立的领域。

从广义的角度来说，休闲体育运动指的是具有休闲、娱乐功能的所有体育活动，其与体育运动的其他领域是对立统一的关系。具体来说，竞技体育的目标是最大限度地提高人类的运动能力和不断推动人类挑战运动极限，而竞技体育中的一些项目若是可以运用到休闲体育中去，这些运动项目也属于休闲体育运动。大众体育指的是具有娱乐、健身、社会交往等功能的群众性体育活动，其与广义的休闲体育运动大体一致，因此可以将休闲体育运动作为大众体育的一个组成部分。

总体而言，休闲体育和体育运动的其他领域之间具有外延联系。当休闲活动被用于竞技比赛中时，其可以被称作竞技体育；当休闲活动被用于休闲娱乐时，也可以被称作竞技体育。不过，休闲体育运动作为相对独立的一个区域，与其他体育运动还是存在一定区别的。

这里我们根据休闲体育运动的作用及目的，对休闲体育运动作出如下定义：休闲体育运动是指人们在闲暇时间内开展的、以愉悦身心与满足自身发展为目的的,同时具有一定文化品位的体育活动。

二、休闲体育的内涵

(一)休闲与体育

休闲是指人们在劳动、工作之余,以生命保健、体能恢复、愉悦身心为目的,以各种“玩”的方式进行的业余生活。由于不同的人选择的休闲方式相同,休闲的含义也在不断发生变化。但总体来说,休闲的重点始终都是使人的压力得到释放和宣泄,情感得到满足,身心得到愉悦放松。休闲作为一种主要的生活方式,具有独特的价值,不仅能够丰富人们的日常生活,提高人们的生活质量,还能够促进人们身心的全面发展。

体育是人们在生产生活过程中形成的一种特殊文化,其以身体各个方面的活动为主,具有健身、游戏、娱乐等多种功能与特点,对人们起着积极的作用,对人们的休闲生活也有着重要影响。体育活动需要人们亲自参与各种体育锻炼,体育的目标不只是为了满足人们在空闲时间的休闲娱乐需求,更是为了促进人们身体的健康发展。

随着人们闲暇时间的不断增多,作为休闲娱乐活动形式之一的体育在长期的生活实践中越来越受到人们的重视与喜爱,体育以休闲、娱乐的方式被广泛推广,目前已经发展成为休闲体育运动。

如今的现代体育活动项目基本已经难以将休闲体育与其他形式的体育活动完全区分开来,如篮球、网球等运动,若以获得竞技成绩为目的,则不属于休闲体育运动,但若以调节身心、放松自己为目的,就属于休闲体育运动。

另外,人们通常也将以体育为媒介或载体而衍生出来的各种休闲文化活动纳入休闲体育的范畴,如体育雕塑欣赏、体育艺术展览等。随着社会的不断发展与革新,休闲体育的运动形式将变得越来越多元化。

(二)休闲体育运动的主体性地位

休闲体育运动是人们日常生活中一种主要休闲方式,其功能与作用体现在很多方面。现在越来越多的人开始重视休闲体育运动,它也开始被纳入高校体育教学体系中,世界各国越来越重视对休闲体育的研究以及对相关人才的培养,我国也不例外。

现代化的社会生活使生产效率不断提升,生产活动在变得社会化、规范化、规模化的同时,人们的劳动密度也越来越大,且劳动方式也变得越来越单调。随着工作时长与工作压力的不断增加，人们很容易产生厌倦、压抑等情绪，进而产生各种心理疾病。为了缓解工作中的压力，使自己的身心得到放松，同时也为了丰富自己的日常生活，现代人对休闲体育运动的重视程度越来越高。

总体来说，人们参加休闲体育运动的目的与动机主要包括以下六点，具体如图 1-1 所示。

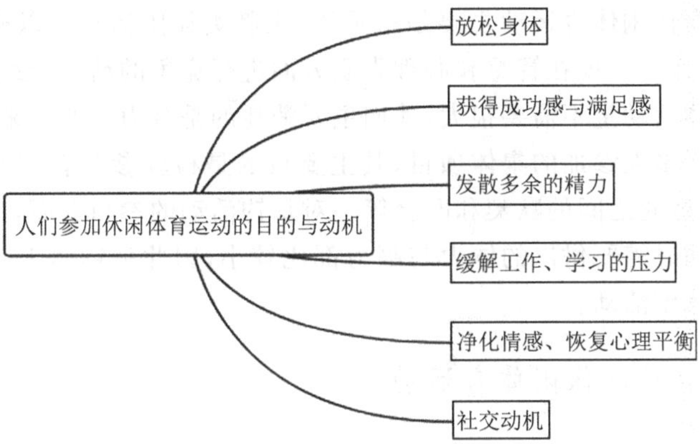

图 1-1 人们参加休闲体育运动的目的与动机

作为最具活力与发展性的休闲体育运动，其迅速发展也体现了人们的整体生活水平有了明显提升。随着城市化水平的提升、休闲体育场馆与设施的逐渐完善，休闲体育运动在推动我国经济发展、提升城市形象、加强精神文明建设等方面发挥着越来越重要的作用。此外，休闲体育运动的开展，对人与人的情感沟通与交流也起着十分重要的促进作用。对都市群体而言，休闲体育运动是其生活的重要组成部分。目前，越来越多的人已经形成了“花钱买运动，花钱买健康”的体育消费理念，休闲体育已经逐渐成为小康社会一种主要的休闲方式。

第二节 休闲体育的内容与分类

休闲体育的内容十分丰富，分类方式也很多。按照分类标准的不同，休闲体育可以划分为多种类别。本节将从身体状态、项目性质、项目功能三个角度对休闲体育进行分类，然后在具体论述不同类别的休闲体育的同时，对其所包含的内容进行具体介绍。

一、按照身体状态划分

按照身体状态划分，休闲体育运动可以划分为以下三种：

（一）安静类休闲体育运动

安静类休闲体育运动主要是指垂钓、棋牌类休闲活动。以棋牌类休闲活动为例，作为一项在智慧和心理素质方面进行竞争的活动，参加这类活动的人的身体活动量不需要很大，他们主要消耗的是脑力。通常来说，这类活动大多属于多人参加的集体项目，其主要目的是检验参与者的经验和心理素质，以及彼此之间的默契和配合等。对垂钓活动的参与者而言，他们在进行这项活动时需要付出的体力与脑力都比较小，因此垂钓属于一种十分修身养性的休闲活动。

（二）互动类休闲体育运动

互动类休闲体育运动主要包括两种：一是自然运动，即利用自然界的资源进行的体育休闲活动，为了保证活动的安全性，这些活动的进行通常需要在医护人员或专业指导人员的监督下进行，如药浴、泥浴、蒸汽浴、温泉浴等；二是互动式运动，即通过专业人员的技术活动来达到消除烦躁、缓解疲惫、减压、调节身心等目的的休闲活动形式，如按摩推拿、理疗、针灸等。

（三）观赏类休闲体育运动

观赏类休闲体育运动一般是指观赏各种休闲体育运动和体育竞赛的表演。在观赏这些表演的过程中，人们往往会产生激动、兴奋、沮丧、愤怒等各种不同的情绪。这类休闲体育活动可以帮助人们了解许多与表演相关的体育知识，受到体育精神的熏陶，同时也可以释放自己的心理压力。

二、按照项目性质划分

按照项目性质划分，休闲体育运动可以划分为眩晕类运动、技巧类运动、冒险类运动等多种类型，不同类型的休闲体育活动也有其各自的特点，具体如表 1-1 所示。

表 1-1 按照项目性质划分的休闲体育运动类型及其特点

类型	内容与特点	举例
眩晕类运动	利用运动器械和设备,让人们在运动的过程中,体验到平时在日常生活中难以体验到的身体和心理极限刺激的空间运动	过山车、蹦极等
技巧类运动	依靠自身能力,同时借助特定的轻器械来展现出高度灵巧性与技艺水平的休闲体育运动	花样滑板、自行车越野等
冒险类运动	在自然环境中进行的,具有较高挑战性、有严密组织措施与安全保障的休闲体育运动	漂流、滑翔伞、沙漠探险等
养生类运动	节奏缓慢,经常参加可以增强身体素质的休闲体育运动	太极拳、瑜伽等
命中类运动	利用某种特定的器械,凭借自己的技巧与能力击中目标的休闲体育运动	射击、射箭、高尔夫、保龄球等
健身舞类运动	有音乐伴奏,以民族传统歌舞的形式进行的休闲体育运动	秧歌、舞狮、民间舞蹈等
冰雪、水上类运动	在冰雪或水上进行的休闲体育运动	冰雪项目有滑冰、花样滑雪等;水上项目有游泳、滑水、帆船等
户外休闲运动	人们回归自然的各种休闲体育方式	登山、攀岩、远足等
游戏竞赛类运动	将一些竞技体育比赛的项目规则简化、游戏化后所形成的休闲体育运动	三人制篮球、沙滩排球等

三、按照项目功能划分

按照项目功能划分,休闲体育运动可以划分为以下四种类型。

（一）强身健体类休闲体育运动

自古以来，人们都将体育运动当作一种强身健体的重要方式，因此人们经常通过体育锻炼的方式来使自己的身体机能保持在较好的状态，并最大限度地使身体保持良好的状态。一直以来，体育运动的强身健体功能被人们所重视，太极拳、五禽戏等不仅是中华民族几千年来的智慧结晶，而且也是人们延年益寿、强身健体的有效方式。

（二）娱乐消遣类休闲体育运动

现代社会的生活节奏很快，人们的生活压力也很大，休闲体育运动的娱乐消遣功能越来越受到人们的重视。除了强身健体、陶冶情操外，还具有明显的放松身心的作用，通过休闲体育运动，参与者不仅能够实现参加体育运动时的预期目标，还能达到锻炼身体、愉悦精神的目的。休闲体育运动娱乐消遣功能的出现是为了调节参与者的心境，调动其想象力和创造力，使参与者的身心能够自由释放。娱乐消遣类的休闲体育运动包括放风筝、钓鱼、围棋等。

（三）极限运动类休闲体育运动

近年来，极限运动这一新兴的运动形式越来越受到年轻人的喜爱，它已经成为年轻人标榜时尚的一个重要标志。事实上，在人类发展的不同时期、不同地域，挑战极限活动一直都是存在的。而在现代，人们可以通过利用先进的科学器械，来全力挑战自我，挖掘自己的潜力，以此来获得超越心理障碍的满足感与成就感。此外，极限运动类休闲体育运动也是为了满足人们返璞归真、回归自然的需求。

由于极限运动可以使人们的生理、心理需求得到满足，因此其在产生以后很快就受到了人们的广泛认可，进而迅速传播开来。当今社会竞争十分激烈，人们承受着很大的压力，极限运动类休闲体育运动可以很好地帮助人们释放压力，这与人类的现实需求十分吻合。极限运动类休闲体育运动如蹦极、冲浪等，不仅可以为人们的日常生活增添乐趣，还能够帮助人们回归自然，因而受到了人们的大力追捧。

（四）竞技比赛类休闲体育运动

不同于传统体育的竞技比赛，休闲体育中的竞技比赛通常不需要高强度、高密度的训练和专业的教练指导。人们参加休闲体育运动主要就是为了表达与展现自我，而参加竞技比赛类休闲体育运动的目的也主要是感知与享受运动的过程，而不是在比赛中获胜。

竞技比赛类休闲体育运动既具有传统竞技体育比赛的对抗性，也具备其所没有的娱乐性。总体来说，竞技比赛类休闲体育运动淡化了比赛的结果，使参与者能够最大限度地沉浸在休闲体育运动的乐趣中，这一方面可以满足参与者展现自我、表现自我的心理需求，另一方面也可以使参与者在对抗的过程中增强自己的沟通能力、团队合作意识以及自信心。

第三节　休闲体育的特点与功能

由上文可知，休闲体育的内容十分丰富，且类型多样，这就意味着休闲体育的特点与功能也很多。本节主要对休闲体育的特点与功能进行论述。

一、休闲体育的特点

休闲体育主要具有健身性、娱乐性、简单实用性、个体倾向性、自主性等特点，具体如下所述。

（一）健身性

休闲体育不根据竞技水平来划分等级，也不以取得胜利为最高目标，其主要目的就是健身娱乐。人们参加休闲体育活动，不仅可以加快新陈代谢，改善自己的心肺功能，有效预防多种疾病的发生，还可以释放压力、缓解紧张情绪、消除焦虑心理，使人保持心情愉悦、舒畅，进而保持精神旺盛。

（二）娱乐性

休闲体育本身就自带娱乐与游戏色彩，它并不像竞技体育那样具有极强的竞技性与商业性，而是具有较强的游戏、娱乐、轻松等特征。人们参加休闲体育活动，主要是为了放松自我、愉悦身心，加强与他人的交往，同时也可以接受传统文化的熏陶。

（三）简单实用性

正是由于休闲体育运动的各个项目都简单易学、实用性强，如健美操、有氧运动等，因此这些休闲体育运动项目才能在广大人民群众中迅速普及开来，并受到人们的喜爱。

（四）个体倾向性

每一个参加休闲体育运动的人都可以按照自己的喜好和判断，结合自己的身体状况和周围的客观环境，选择适合自己的休闲体育运动项目，另外，他们还可以选择适合自己的运动方式、运动目标，根据自己的时间来制定运动计划，以使自己的身体状况始终处于最理想的状态。

（五）自主性

休闲体育是人们在学习、工作之余进行的体育锻炼活动，具有很强的自主性。人们不需要按照规定的时间、地点、计划或技术动作要求去进行锻炼，只需根据自己的兴趣、实际运动水平等，来选择自己喜欢的体育运动项目即可。

二、休闲体育的功能

（一）强身健体功能

随着现代社会的发展，“文明病”已经成为影响人们身体健康的重要因素，越来越多的人容易感到身体不适。人们越来越希望通过休闲体育运动来调节身体与心理状态，同时预防疾病的侵扰。还有一些参加休闲体育运动的人则是希望通过体育锻炼来塑造良好的体型，以满足自己对形体美的追求。

总体而言，适宜的休闲体育运动是人们保持身心健康、朝着健康状态转变的一种重要途径。休闲体育运动能够缓解人体因长时间精力高度集中而引起的局部肌肉僵硬和精神疲劳，长期坚持休闲体育锻炼的人的身体免疫力往往也会更强。

（二）愉悦身心功能

随着城市化进程的不断深入，社会劳动分工变得越来越专业，再加上高度城市化的居住环境使得人们之间的社会交往越来越少，彼此之间缺乏有效的沟通与交流，最终使得人们在社会交往的过程中变得越来越谨慎，防备心理也十分严重，人们的内心世界变得十分封闭。休闲体育活动则能够为人们提供较多的社会交往机会，基于相同的兴趣爱好进行友好交流，可以极大地改善彼此之间的关系，进而形成相互信任、平等友爱的关系，这有利于愉悦人们的身心。

（三）组织功能

休闲体育活动的开展没有性别、年龄、职业等的区分，人们都可以在休闲体育中找到适合自己且自己喜欢的运动项目。目前，很多休闲体育活动已经发展成为一种“亚文化现象”，对部分群体而言，休闲体育更是成为不可或缺的一种生活方式。这些群体的存在与发展推动着社会文化朝着多样化、复杂化的新文化体系转变，这有利于形成新的文化观、世界观、价值观。从社会的角度来说，休闲体育活动的人群组织功能是社会文化的重要组成部分。

（四）经济功能

与人们的工作时间一样，人们的休闲时间也是一种资源与财富，人们在休闲时间开展的体育活动，是人的创造性发展。体育活动对人的个体发展与身心修复所起的作用，实际上也有利于提高社会的生产效益。

休闲体育消费是指人们在闲暇时间参加体育活动、观赏体育比赛时，直接或间接对体育实物产品、服务产品、精神产品等进行消费的行为。在西方经济发达国家，休闲体育所带来的经济效益是巨大的，以英国为例，休闲体育运动对其国民生产总值的贡献率达到了1.7％。

目前，我国的休闲体育也已经从狭窄的娱乐、竞技领域拓展成为一个庞大的新兴产业，是我国经济发展的一个新的、重要的增长点。总体来说，随着我国经济的不断发展和人们生活条件的显著改善，人们的健康观念有了很大的改变，终身体育、“花钱买健康”等观念越来越深入人心，这些都为我国休闲体育的发展奠定了良好的基础。不过，作为第三产业中的新兴产业，休闲体育在我国才刚刚起步，我国必须重视休闲体育的可持续发展。

（五）社会稳定功能

对于休闲生活方式的选择，人们通常持有两种态度：一种是积极；另一种是消极。如果人们的闲暇时光不是用健康向上、积极的内容来填充的话，那么将很容易出现“闲而生危”的情形。我国社会工作者曾对100余名在押青少年犯人进行研究，以分析青少年犯罪率剧增的现象，调查结果显示，87％的青少年犯罪活动都与青少年在闲暇时无所事事、精神空虚有关。而健康、科学、文明的休闲体育生活方式追求的正是一种崭新的、健康的生活目标，它可以帮助社会大众排遣心中的郁闷和精神压力，使其多余的精力得到合理的宣泄。总体而言，休闲体育具有示范与导向的作用，能够调节和引导人们的日常生活，进而有利于推动社会的稳定与发展。

第四节　休闲体育的现状与发展

休闲体育于20世纪90年代初在我国兴起，目前休闲体育在我国已经有了较大发展，也取得了一定的成就，不过与国外一些国家相比仍存在较大差距。本节将对我国休闲体育的发展现状与发展趋势进行论述。

一、休闲体育的发展现状

我国休闲体育的发展现状主要表现在以下八个方面：

(一)社会大众对休闲体育的认识提升

社会大众在闲暇时间选择的生活方式是衡量一个社会发展水平高低的重要标准。随着社会生产力的不断提高，人们可以享受到高科技带来的方便快捷，但这同时也容易导致人们与大自然的渐行渐远。回归自然、促进身心健康与个性的全面发展是休闲体育不断发展的内在动力。

目前，社会大众对休闲体育的认识有所提升，人们开始愿意投入时间和金钱来参加休闲体育活动、娱乐活动，以提高自己的身体素质和生活品质。参加休闲体育活动已经成为现代人追求的一种社会新风尚。

(二)休闲体育营利性服务组织机构明显增多

休闲体育是第三产业中的重要组成部分，其发展状况很大程度上受国家经济发展水平的影响，只有当国家经济发展到较高的水平时，才能为休闲体育产业的发展提供良好的物质条件。

休闲体育要想获得迅速发展，个人可支配收入水平与闲暇时间是不容忽视的两个因素。21世纪，广大群众的文化素质有了较大提升，人们开始追求健康、科学的休闲体育，这实际上推动了休闲体育营利性服务组织机构的兴起与持续增多，休闲体育逐渐成为我国的一个新的经济增长点。

（三）大学生成为休闲体育的生力军

自休闲体育产生以来，大学校园中就开始出现各种不同类型的休闲体育项目，如太极拳、瑜伽等。这些休闲体育项目不仅渗透到高校师生的日常生活中，还出现在以休闲体育为主要活动内容的高校学生社团组织或协会中。

休闲体育活动及其有关组织、协会的出现，极大地满足了高校学生不同的体育锻炼需求，同时也为学生之间的人际交往提供了更多的机会，这对提高学生的社会交往能力具有重大影响。

（四）不同层次群众选择的活动项目越来越多样化

由于社会群众所处的社会层次不同，他们对生活的需求与追求自然也不同。从休闲体育活动项目的选择上来说，不同层次的群众在休闲体育活动项目的选择上表现出较大的差异。举例来说，中老年人比较喜欢选择太极拳、散步等有氧代谢并有利于增强自己心肺功能的休闲体育项目；青年人则更喜欢选择户外运动、街舞等具有活力与动感的休闲体育项目；经济收入水平较高的人倾向于选择赛马、高尔夫球等消费水平高、档次较高的休闲体育项目；经济收入水平一般的人更偏向于选择跑步、登山等花费少又简单易行的休闲体育项目。

（五）体育场馆等设施条件有所改善，但仍需改进

我国的投资政策是坚持多元投资，即以国家、地方政府投资为主，鼓励并接受社会各界力量的投资。在此投资政策的推动下，我国的体育场馆及体育设施条件有了很大改善，学校、社区、公园增设了许多新型的体育器材与设备，新建了体育场馆等，这些都为社会大众参加休闲体育活动奠定了坚实的物质基础。

不过，我们也必须清楚，我国目前在体育资金投入、体育场馆建设等方面与发达国家仍存在一定的差距，且尚不足以满足我国广大群众参与休闲体育的实际需求，这对我国休闲体育的发展是极为不利的，因此政府及社会各界都要重视体育场馆等设施条件的改善，加大对体育方面的资金投入。

（六）户外运动兴起并迅速发展

户外运动最初是在国外兴起的，20 世纪 90 年代后传入中国。目前，户外运动项目在我国得到了迅速发展。通过对我国户外运动市场发展情况的

分析研究可知，现阶段我国户外运动的发展正处于稳步增长的阶段。据不完全统计，我国不同类型的户外运动组织数量已经超过 2000 个，且仍在不断增加。

事实上，我国社会大众对户外运动需求的增加，与人们生活水平的提高和各项休假制度的不断完善密切相关。同时，自助游、休闲游、亲子游等旅游形式的更新也极大地促进了户外运动的发展，相信未来我国户外运动的规模还会不断扩大。

（七）区域性发展差异较大

相关研究表明，我国休闲体育的发展在不同区域存在较大的差异。具体来说，沿海地区比内陆地区发展得好，一二线城市比三四线城市发展得好，城镇比农村发展得好。究其原因，人们对休闲体育活动的兴趣主要建立在当地经济发展水平和人们生活水平的基础上，而这也是影响休闲体育发展的重要因素。由于我国不同地区的经济发展水平存在一定的差异，因此我国的休闲体育发展也会表现出相应的差异性特征。

（八）休闲体育经营人才匮乏

休闲体育产业既是第三产业，也是一项生产性产业，在我国社会主义市场经济的背景下，一些体育服务能够进入市场流通领域并转变为商品，而这些进入市场的商品在运营环节需要遵循商品流通的客观规律，这样才能达到预期的经济效益。

不过，由于我国休闲体育市场目前尚处于稳步发展的阶段，影响我国休闲体育市场发展的一个重要因素就是休闲体育经营人才的匮乏。因此，培养休闲体育经营人才是势在必行的，同时还可以招聘和吸收热爱体育事业与经济的多样化体育人才，改变我国休闲体育经营人才短缺的问题，从而为我国休闲体育的发展奠定坚实的人才基础。

二、休闲体育的发展趋势

随着改革开放程度的不断加深，我国政治、经济、文化等都发生了很大的变化，人们对生活品质的追求也在不断提升。从体育消费的角度来说，我国居民从单一、同质性的体育消费转变为多元、异质性的体育消费，全民健身、终身体育的观念深入人心。休闲体育在我国也不断发展并渗透到人民群众的生活中，休闲体育产业成为我国第三产业的重要组成部分，对我国经济的发展起着越来越大的推动作用。下面将对休闲体育的发展趋势进行简要分析。

（一）呈现出生活化、自然化的局面

在所有可供选择的休闲方式中，休闲体育将会成为人们的主要消费对象，这不是主观臆测，而是社会发展的必然趋势。20世纪90年代出现的观赏性休闲体育，到如今发展很快的参与性较强的休闲体育，都对消费者形成了很大的吸引力，这意味着休闲体育已经广泛渗入人们的日常生活，成为人们的一种基本需求。

（二）朝着产业化方向发展

随着我国社会经济的不断发展、人民群众对休闲体育价值认识水平的不断提升，休闲体育消费的绝对值在国民消费总值中所占的比重不断增加，休闲体育为扩大内需、推动国民经济健康有序发展创造了良好的条件，休闲体育产业也逐渐发展成为我国体育产业中的支柱产业。总体来说，我国休闲体育产业是在社会主义市场经济体制下运行的体育事业，主要包括体育用品业、体育娱乐健身业、体育旅游业等，休闲体育产业的根本任务就是尽可能地满足人们日益增长的休闲体育需求。

（三）休闲体育和旅游业的结合越发紧密

我国是拥有丰富自然资源与体育旅游人文资源的国家，这些资源为我国体育旅游业的快速发展奠定了坚实的基础。例如，从自然资源方面来说，我国海南省有着优越的气候环境，年平均气温在23℃～25℃，全年都能进行潜水、游泳、沙滩排球等运动；东北地区冬季长，雪量充足，为滑雪旅游市场的开发创造了很好的条件，且东北拥有多个国家级森林公园，这为当地生态旅游市场的开发奠定了物质基础。从人文资源方面来说，我国有许多极具特色的文化节，如云南泼水节、山东潍坊风筝节、泰山登山节、河南少林武术节、内蒙古那达慕大会等。此外，我国还举办了许多规模宏大的运动会和单项比赛供人观赏。总之，随着我国休闲体育与旅游业日趋紧密的结合，体育旅游的迅速发展必然为我国带来极大的经济效益与社会效益。

（四）休闲体育教育越来越受到重视

休闲体育教育主要包括以下两部分内容。

第一，休闲体育教育通过引导休闲者的休闲行为与方式，促进社会的安定与发展。随着人们空闲时间的增多,越来越多的人开始热衷于进入公共场所或大自然,不过这也使得一些破坏公共设施、破坏自然环境的现象频繁出现,鉴于此,对休闲体育参与者的行为进行引导和教育是十分必要的。社会大众的休闲行为必须在有益于自己身心的同时,也要有益于公众、社会和大自然。休闲体育教育倡导的是良好的休闲行为,要求休闲体育参与者在自由支配自己时间的同时,严格遵守相关法律条文与社会公德,从而使休闲体育活动真正发挥有利于社会安定的作用。

第二,休闲体育教育通过向参与者不断普及休闲体育的相关知识,帮助人们更加深入地了解休闲体育的内涵和意义,从而使人们重视休闲体育的重要地位与作用。

(五)为全民健身活动提供更大的发展空间

休闲体育可以为全民健身活动提供更大的发展空间,这一作用主要体现在以下三个方面:

1.休闲体育的组织形式多样

休闲体育的内涵及其健身性、娱乐性、自主性等特点使得休闲体育的组织形式具有明显的自发性特征。随着我国全民健身运动的不断发展与普及,以及休闲体育服务的日益完善,人们参加休闲体育活动时所受的时间、地点、组织形式等限制越来越小。人们可以根据自己的喜好,自由选择自己喜欢的休闲方式。目前,我国以家庭、同事、体育俱乐部等为主体的体育活动越来越多,休闲体育活动已经成为我国群体性体育活动的主体。

2.休闲体育的内容丰富

过去,可参与的体育运动项目只有20多项,主要包括跑步、散步、篮球、足球、排球、羽毛球等。而随着休闲体育的发展,休闲体育丰富的活动内容在很大程度上拓宽了我国人民参与健身活动的选择空间,人们可以从之前以跑步为主的体育锻炼,拓展为游泳、健身操、极限运动、保龄球等多种形式的休闲体育活动。

3.休闲体育的参与人数多

通过休闲体育活动实现健身娱乐的目的是休闲体育的一个主要特征。休闲体育强调的是使不同年龄、不同能力水平、不同参与目的的参与者在参与休闲体育活动的过程中受益。基于这一宗旨,休闲体育的发展需要提供高质量的管理与服务,使人们深入了解休闲体育的内涵,以不断吸引更多的人自愿参与到休闲体育活动中来。

(六)将带动其他相关产业的发展

通过对休闲体育发展历程的分析可知,休闲体育已经发展成了一种健康、重要的生活方式。目前,休闲体育参与者的数量逐年上涨,这也带动了体育消费整体数量的增长,同时还带动了体育场馆、体育设施、体育服饰、体育书籍等相关产业的发展。

目前,我国休闲体育产业还处于稳步发展阶段,不过其有着良好的发展趋势。我国休闲体育活动的参与人数不断增多,人们对休闲体育产品的需求也不断增加,这些都表明我国休闲体育产业呈现出快速发展的态势。我国必须正确处理人们对休闲体育产品的多样化需求与休闲体育产品质量提升之间的关系,同时重视对休闲体育专业人才的培养,从而推动我国休闲体育产业的健康、可持续发展。

(七)电视、网络将成为休闲体育的助推器

目前,电视、网络等大众媒体有着广泛的群众基础,其在推动休闲体育发展方面起着十分重要的作用,具体作用包括以下两点:一是大众媒体对体坛明星与竞技体育比赛的报道有助于提高人们对体育活动的关注度,从而拉近社会大众与体育之间的距离,使更多的人愿意参与到体育活动中来,并将竞技体育中的比赛项目推广为个人休闲体育活动;二是通过大众媒体对休闲体育相关内容的报道与宣传,可以提高人们对休闲体育这一健康休闲方式的接受度与认可度,这对休闲体育的普及与发展起着积极的推动作用。

(八)民族休闲体育文化受到人们的广泛推崇

我国是一个多民族国家,每个民族都有属于自己独特的休闲体育项目,这些休闲体育项目都有着深厚的民族传统文化内涵,如朝鲜族的秋千项目、蒙古族的赛马项目等。武术、围棋、气功等深受我国传统文化价值观影响的休闲体育项目,是我国传统休闲体育文化的主流,受到人们的广泛推崇。

第二章　休闲体育的多元理论概述

休闲体育在实践探索中得到发展，其发展又需要以一定的专业理论为指导。了解与休闲体育相关的多元理论，有助于推动休闲体育的科学发展。本章将分别对以休闲体育为中心的休闲论、娱乐论、游戏论、健康论、手段方法论、经营管理论等基本理论展开叙述。

第一节　休闲体育的休闲论与娱乐论

一、休闲体育的休闲论

随着社会经济的进步和人们生活水平的提高，参与休闲体育活动越来越成为一种时尚。要想理解休闲体育的本质，首先就要把握“休闲”一词的内涵。具体来讲，对“休闲”的理解可从以下四个角度进行。

（一）东方休闲文化

休闲作为一种积极生活的方式，代表的是人生的境界与追求，反映的是人类社会的文明。东方的休闲观念大多根植于深厚的农业文明中，具有独有的文化特色。以我国的休闲文化为例，我国古人十分向往休闲的生活方式，他们不仅将休闲与否视为评价生活品质的重要标准之一，更将休闲看作一种理想的人生境界。从某种意义上来讲，我国古代的休闲文化能够充分体现出中华文明的生态保健观念，并强调身心在大自然中的直接感受。

随着社会的发展，休闲的概念开始被引入现代社会中来，一些西方极限运动项目传入我国，给我们带来了挑战自我、张扬个性、冒险奋进的新体验。不过尽管如此，在多数国民看来，休闲仍是一个使人摆脱繁杂事务、排解精神压力与消解情绪，从而获得宁静、安谧的悠闲感受的过程，这是由我国人民普遍稳健、内敛的国民性格决定的。

（二）西方休闲学说

西方休闲学说认为，休闲指的是能够在闲暇时间内，使生活变得丰富多彩的生活经历，是个体提高生活品质的媒介，其包括人们在空闲时间内愿意从事且能够从中获得快乐、自我满足感的独立活动或集体活动[①]。对西方休闲学说进行细分，又可将其大致分为三种观念，具体如下所述。

1.古典休闲观念

古典休闲观念认为，休闲活动能够滋养人的心灵，培育人的精神与个性。古希腊哲学家柏拉图认为，所谓休闲指的是统治阶级能够不受现实干扰，将全部时间用于思考真、善、美等相关问题，从而获得快乐的生活方式。亚里士多德则认为，在平民化的社会中，休闲与思考是不可分割的，只有当人能够在休闲中全身心地思考真理时，其才能被称作一个"完整的人"。中世纪的天主教更是将休闲视为了一种宗教活动。

2.客观休闲观念

客观休闲观念认为，休闲的本质是对时间的非生产性消费，指的是人们在扣除工作、睡觉、维持生活所需的活动等时间后，仍然能够从事的活动。因此，休闲又被称作"余暇活动"。

3.主观休闲观念

主观休闲观念认为，拥有自由时间并不等同于休闲。比如，当一个人试图使自己的生活变得充实，却常常处于无事可做的状态时，我们就不能认为其处于休闲状态。归根结底，休闲是一种感觉的品质，是一种心灵与精神的态度，是放松、娱乐、个人发展三项内容结合后的结果。

（三）休闲的功用与效益

经常参与休闲活动，对人们来说是大有裨益的。具体而言，人们能够从休闲活动中获得多项效益，如表 2-1 所示。

① 胡小明，虞重干.体育休闲娱乐理论与实践[M].北京：高等教育出版社，2004：35.

表 2-1 休闲活动给人带来的多项效益

效益	具体表现
生理效益	①进行慢跑、游泳等休闲活动，能够使人避免因缺乏锻炼而陷入发胖、罹患心血管疾病等不利局面； ②定期的肢体活动，有助于确保身体的健康
社交效益	在参与休闲活动时，人们既能够与拥有相同爱好的亲朋好友相聚，以加深感情，又能够结识拥有相同爱好的陌生人，开启一段新的人际关系
放松效益	休闲活动有助于人们消除疲劳、减轻心理压力，进而预防疾病隐患
教育效益	休闲活动能够为人们提供人文、科学、艺术等多个方面的知识，使人们的生活变得充实，生活质量得到提高
心理效益	休闲活动能够使每个参与其中的人都得到有形或无形的认可，从而增加成就感，调节情绪、心态
美学效益	艺术活动作为休闲活动的一种，其所反映出的审美意识、所具有的美学价值也都会体现在休闲活动中

（四）体育休闲娱乐活动

体育休闲娱乐活动属于大众体育的一种形式，是大众体育不断适应人们生活需求后的结果，其既有利于健身，也有利于健心，因此常被认为是体育对人类身心进行终极关怀的表现。体育休闲娱乐活动主要具有以下特点。

1.活动形式多样

体育休闲娱乐活动是人们在闲暇时间内参与的活动，对运动形式没有任何要求。人们既可以参与集体活动，也可以单独进行活动；既可以在音乐的伴奏下参与健美操、扭秧歌等活动，也可以在安静的环境中散步、慢跑。总之，人们对体育休闲娱乐活动形式的选择是随心的、个性的、多元的。

2.对技术与体能的要求不高

体育休闲娱乐活动对规则、技术水平等均无严格要求。即使是毫无运动基础的人，只要产生了参与体育休闲娱乐活动的兴趣，便可以立即投身其中。但要注意的是，初次接触体育休闲娱乐活动的“新手”最好选择自己生理状况所能承受的活动内容，而不要一味地以自我挑战为追求，来选择运动负荷大、体能消耗快的活动，否则将极易造成身体损害。

3.可量力而行选择活动内容

部分体育休闲娱乐活动在进入社会经营性场所（如游泳馆、健身房、滑雪场等）后，就会变成付费项目，这导致收入水平不高的群体无法参与，或者无法长期坚持。但这并不意味着中低收入人群就不能参与体育休闲娱乐活动，他们可以参加一些无须场馆支持，如在公园、广场等免费且空旷的区域进行的活动，这些活动也不失为一种有益的选择。

二、休闲体育的娱乐论

娱乐的目的在于获得快乐，快乐是人类理想的生活状态之一，有利于促进人的身心健康。休闲体育具有较强的娱乐性，从不同层面对娱乐进行研究，有利于更加有效地开展体育活动。

（一）体育与身体娱乐

1.身体运动的娱乐原欲

所谓娱乐原欲，是指由不直接指向外在的功利为目的，但能与生命活动的内在功利目的相吻合的本能嬉戏所带来的活动欲望。一般来说，当人的基本生理需求得到满足后，这种娱乐原欲就会通过身体活动表现出来。而人类在嬉戏过程中所进行的身体活动也不直接服务于生存需要，更多的则是为了获得快乐与愉悦。体育正是基于人们对快乐与愉悦的追求，在身体活动的基础之上发展而来的。

2.创造愉悦的身体娱乐

《韦氏词典》将体育定义为“消遣娱乐的源泉”和“为娱乐而从事的一项身体活动”，这一定义充分体现了体育的娱乐性。体育能够将人们从日常的生活习惯中解脱出来，使人们获得欢愉感，进而激发人们的生命创造力。

（二）体育需要娱乐教育

体育娱乐活动与其他类型的娱乐活动相似，都能够使人获得一定的感官满足，在刺激受众视觉与听觉的同时，也能给受众带来一定的思想震撼，进而引发受众的深刻思考。从这个角度来看，娱乐应当同样是教育的重要组成部分，体育的娱乐功能也应当得到充分的挖掘。

娱乐教育的价值在青少年群体的身上体现得尤为明显。众所周知，“爱玩”是青少年群体的天性，这种追求如果能够在学校教育中得到正确引导，不仅不会使青少年“玩物丧志”，还有利于促进青少年生理、心理的健康发展。

总的来说，娱乐教育的作用体现在以下三个方面：第一，能够为青少年提供更多锻炼身体的机会；第二，有助于培养青少年的交往能力与团队协作精神；第三，有利于培养青少年的创造力。

第二节　休闲体育的游戏论与健康论

一、休闲体育的游戏论

游戏作为一项娱乐活动，追求的是过程中的快乐，其能够体现出休闲体育的“灵魂”。在不同的时代、不同的国家，休闲体育的游戏论有着不同的表现，具体可从以下三个角度对“游戏”进行理解。

（一）东方的“游”文化与游乐精神

此处所说的“东方”主要是指以黄河流域为中心的华夏文明和被印度河流域所覆盖的印度文明。在这一广阔的区域中，蕴含着东方传统文化的基本精神与丰富多彩的文化形式。

从现代体育理论的角度来看，将身体娱乐与体育运动结合起来的最佳方式就是“游”，而最能展现东方游戏观念与体育意识的则为游乐精神。我国传统的“游”文化和游乐精神追求的是人与自然和谐相处、身心保持生态化平衡的价值取向，其能指引人们在游乐中回归天性，这不仅有益于个体的身心健康，对社会群体的健康也起到有效的促进作用。

（二）西方游戏论

西方文化根植于古希腊文明。部分西方人认为，“游戏”与“玩”是完全相同的概念，反映的是玩物丧志的人生态度，“游戏人生”更是一种不正当的人生观。可以说，“游戏”在很长时间以来一直承受着人们的误解，英国艺术史学家贡布里希指出，游戏具有高度的严肃性，其在本质上属于一种人生境界，通过相应的身体活动，人类可以显示出自由的力量。

现代西方哲学家对“游戏”给予了充分的关注，尼采将游戏视作一种重要的思想范式，海德格尔则借助游戏开辟出“理性为自然立法”的西方近代哲学传统，皮亚杰在对儿童游戏规则进行分析过程中解决了一系列问题，如人类认识的发生、道德判断的形成等，这些都足以体现“游戏”在现代哲学中的重要价值。

（三）现代游戏学说

现代游戏学说的核心命题在于阐述游戏的文化创造力。最早从文化哲学的角度对“游戏”进行系统论述的是荷兰文化史家约翰·赫伊津哈，其著作《游戏的人》被誉为“最具影响力的体育学研究经典”。约翰·赫伊津哈认为，游戏是人类在文明发展过程中所进行的一项十分重要的活动，具有自由性、非生产性、不确定性、表征性、规则制约性等特征。从广义的游戏范畴来说，现代竞技体育实际上就是人类游戏活动的重要组成部分，只是随着人类历史的演进和体育的社会化发展，现代竞技体育中的纯游戏因素被逐渐淡化，取而代之的是制度化与功利化的发展趋势。

二、休闲体育的健康论

休闲体育的健康论总体上可以概括为两点：一是“体育为健康”，二是“休闲要健康”，其内涵具体如下所述。

（一）体育为健康

1.健康观的演变

人们对于健康的理解一度十分狭隘，认为健康就是没有疾病，这也是人们对自己的身体抱有的最高期望。

在原始社会，人们的生命安全时刻受到饥饿、野兽、自然灾害等的威胁，在这样的背景下，人们并无机会与能力形成正确的健康意识。随着生产力的发展以及生活条件的明显改善，人们开始意识到疾病是威胁自身健康的最大敌人，“无病即健康”的自然哲学健康观由此形成。

随着医学科学的发展，越来越多的人发现致病因素除了生物因素外，还包括一些心理因素和社会因素，疾病的表现形式也开始由“单因单果”转为“多因多果”，医学模式开始从生物医学模式转变为生物、心理、社会医学模式。20 世纪 90 年代，世界卫生组织将“健康”的内涵总结为四个方面的内容，分别是身体健康、心理健康、社会适应性良好、道德健全，这同样能够体现出人类健康观的不断演变。

2.体育是为了每个人的健康

工业革命后，随着科技的进步和生产力水平的迅速提高，人们一方面享受着工业文明所带来的优越物质条件，另一方面却又因工业文明造就的生活方式变化而降低了自身的健康水平，“文明病”正是工业文明成为重要致病因素的表现之一。所谓“文明病”，既包括器质与精神的病变（如冠心病、糖尿病、肿瘤、中风、抑郁、自杀等），也表现为一系列的功能紊乱性症状（如肥胖、高血压、消化不良、四肢乏力等）。这些问题在很大程度上是由过剩的营养和越来越少的身体活动导致的，仅凭医疗卫生是无法彻底解决这些问题的，必须依靠体育来推动健康发展目标的实现。

3.人类文明的健康发展

新时期的体育目标已经从“提高身体素质”这一传统目标转变为“提高健康素质”的新目标。与此同时，健康的意义也已上升至人类文明的层面，具体表现为体制的健康、社会的健康、文明的健康。健康的概念开始从对身心状况的评价转变为人文社会的价值取向。

1995 年 10 月，世界卫生组织与体育运动健康委员会共同发表了“为健康而运动”的声明，要求各国政府将推广体育运动、促进公众健康作为公共政策的重要方面进行考虑。

体育作为每个人都应享有的获得健康的途径之一，终将成为个体的终身需要和全人类的永恒追求。人类需要健康，健康又离不开体育，这种基于人类文明健康发展的需求将成为支撑体育发展的不竭动力。

（二）休闲要健康

1.在闲暇时间锻炼身体

适量的身体运动是促进人体健康的重要因素之一。人体健康的保持既离不开科学文明的生活方式，也需要丰富多彩的身体娱乐活动。闲暇时间是人们得以进行身体娱乐的保障，有些休闲活动会受到时间、条件的限制，比如高尔夫运动只能在特定球场的开放时间进行，但大多数休闲活动还是较有弹性的，一般来说，弹性越大的活动，人们的参与频率也就越高。

2.开展健康教育

知识经济的到来对教育界产生了极大的影响，在这样的时代要求下，学校体育教育应在体育教学、体育训练的基础上开展健康教育。

1919年，“健康教育”这一概念首次由美国儿童健康组织提出，其指的是一切能够影响个人、社区、种族的健康知识与健康习惯的经验总和。在此之后，健康教育开始成为一项社会活动，并逐渐发展为一门独立的学科。

健康教育旨在帮助人们实现达到健康状态的愿望，其通过传播保健知识与技术来影响个体或群体的行为，进而达到预防疾病、消除危险因素、促进健康的目的。因此，学校应当积极开展健康教育，以指导学生养成良好的生活习惯。

第三节 休闲体育的手段方法论与经营管理理论

一、休闲体育的手段方法论

休闲体育的手段方法论是指组织开展休闲体育活动时所需使用的手段与方法。下面将首先对休闲体育活动的类型进行分析，其次从休闲体育活动的组织、目标制定两个角度，阐述休闲体育的手段方法论。

(一)休闲体育活动的分类

按照不同的分类标准，可将休闲体育活动划分为不同的类型。在诸多分类标准中，身体能力(即运动者在参与体育运动时，需要具备的一项或几项身体素质，如速度素质、耐力素质等)是一项最常用的标准。按照身体能力对休闲体育活动进行分类，可将其分为体能类活动、技能类活动两大类，如果进行进一步的细分，则包括如表2-2所示的四种类型。

表 2-2　以身体能力为依据的休闲体育活动分类

<table>
<tr><th>大类</th><th>小类</th><th colspan="2">简介</th></tr>
<tr><td rowspan="2">体能类</td><td>耐力型</td><td colspan="2">能够使人体验到与自然环境长时间融为一体的感觉，如长距离划船、登山、沙漠探险、极地探险等</td></tr>
<tr><td>速度型</td><td colspan="2">能够使人体验到在超常规速度下特有的速度感与愉悦感，并接受在特殊速度下的情感刺激与生理刺激，如卡丁车、摩托艇、高山速降滑雪、过山车、高空弹射等</td></tr>
<tr><td rowspan="5">技能类</td><td rowspan="3">对抗型</td><td>隔网对抗型</td><td>在运动场地上设置拦网，将运动者分为两方进行隔网对抗，如沙滩排球、软式网球、羽毛球等</td></tr>
<tr><td>同场对抗型</td><td>运动者在同一场地内追逐争夺，力争将球投入或射向特定区域及目标，如门球、桌球、高尔夫等</td></tr>
<tr><td>格斗对抗型</td><td>将参与活动的对手的身体作为进攻对象，进行双人格斗，如拳击、柔道、跆拳道等</td></tr>
<tr><td rowspan="2">表现型</td><td>准确型</td><td>通过击中既定目标，来展现精准技术，如射箭、掷飞镖、设计、定点跳伞等</td></tr>
<tr><td>难美型</td><td>通过高难度动作来展现人体美与运动美，如花样游泳、花样滑冰、健美操、冰上舞蹈、街舞等</td></tr>
</table>

（二）休闲体育活动的组织

1.组织原则

休闲体育活动源于体育竞技活动和大众娱乐活动，因此组织体育竞技活动与大众娱乐活动时所遵循的原则应当同样适用于休闲体育活动的组织过程中，具体包括以下两点。

（1）人本原则。现代组织管理的核心在于调动人的积极性，因此一切休闲体育活动的组织与管理均应重视“以人为本”。这就要求组织管理者转变服务理念，将为消费者提供良好服务作为自己的首要任务。

(2)效益原则。现代组织管理的根本目的在于实现社会效益与经济效益的最优化,休闲体育活动的组织管理自然也是如此。无论是政府主导类的休闲体育活动,还是社会团体主导类的休闲体育活动,在组织管理的各个环节都应紧紧围绕着提高社会效益与经济效益这一中心,以合理调配并使用有限的体育资源。

2.组织目标

休闲体育活动的组织目标主要包括以下两层含义:

第一,表明组织的目的性与整体发展方向。开展休闲体育活动的目的主要有提高人们身体素质、丰富群众日常生活、满足不同层次公民的健身需求等。

第二,组织目标由多个指标组成,其中最为基础的指标包括社会效益指标和经济效益指标。当条件允许时,应明确经济效益的定量指标,同时对社会效益进行评估。

(三)休闲体育活动的目标制定

在2050年之前,我国休闲体育活动的发展总目标主要包括以下三点:①推动我国部分刚起步不久的休闲体育项目与国际体育休闲娱乐活动接轨;②我国体育休闲娱乐活动的发展水平能够达到或超过中等发达国家的水平;③体育休闲娱乐活动能够进入我国的千家万户[①]。

二、休闲体育的经营管理论

休闲体育涉及的行业、面向的群体都十分广泛,不同行业的经营管理活动既有相似之处,也存在一定的差异性。下面将重点分析体育俱乐部的经营管理和体育彩票的经营管理。

(一)体育俱乐部的经营管理

体育俱乐部是面向大众开展健身娱乐活动的社会体育组织,也是大众体育中最为主要的基层组织。随着人们生活水平的提高,越来越多的人开始主动加入体育俱乐部,并将其作为社交活动的一部分,在这种情况下,维持体育俱乐部的经营与管理就显得十分重要。研究体育俱乐部的经营管理

① 胡小明,虞重干.体育休闲娱乐理论与实践[M].北京:高等教育出版社,2004:185.

可从两个方面着手,一是分析体育俱乐部的经费来源,二是找出促进体育俱乐部发展的重要因素,具体如下所述。

1.体育俱乐部的经费来源

体育俱乐部要想维持自身的生存与发展,就必须基于多方位的经营视角,选择灵活多样的经营方式,探索多渠道的经费来源。就目前来看,体育俱乐部的经费主要来源于以下六条渠道,具体如表 2-3 所示。

表 2-3 体育俱乐部的经费来源

来源	阐释
政府拨款	当俱乐部运动员能够代表国家参加比赛时,政府一般都会向相应的俱乐部划拨一定的工作经费
个人捐助	是体育俱乐部最主要的经济收入之一
承办大型比赛的收入	在俱乐部的比赛中,承办部门一般可以得到大约10%的门票收入
非体育表演、展览等门票收入	除了体育活动外,一些俱乐部还会利用自身的场馆优势来举办一些非体育的活动,以增加俱乐部的收入
体育场馆使用收费	在体育俱乐部的内部,会有一些体育场馆通过向会员开放,来收取少量的成本费,如会员可以在俱乐部打保龄球、按摩、桑拿等
非体育场馆的经营权出租费	体育俱乐部周边的附属设施(以房屋为主),可租给他人从事相关的商业活动

2.体育俱乐部发展的促进因素

政府的重视是促进体育俱乐部发展的有力保证。只有当政府对体育俱乐部的发展给予高度重视时,体育俱乐部才有可能获得一定的政策优惠与资金支持,进而获得健康、快速的发展。

除此之外,体育俱乐部要想获得良好发展,还要从自身出发,坚持“以人为本”的理念。只有当体育俱乐部的运营与管理均达到“以人为本”的境界时,才会有越来越多的人愿意加入体育俱乐部,体育俱乐部也才能在激烈的市场竞争中占据着稳固的地位。

(二)体育彩票的经营管理

体育彩票又称“体育奖券”,属于彩票的一种,指的是以筹集体育资金的名义发行的,印有号码、文字、图案,人们自愿购买且能够证明购买者拥有按照规则获取奖励的权利的有价凭证。体育彩票既是推动我国体育事业发展的经济来源之一,也是推动我国福利事业、公益事业发展的有效途径。下面将分别阐述体育彩票的性质和体育彩票的经营管理对策。

1.体育彩票的性质

从本质上来讲,作为市场经济产物的体育彩票也是一种商品。而除了具备商品的一般属性之外,体育彩票还具备以下三点特殊性质。

(1)政府的融资工具。彩票是我国各级政府在建设社会公益事业时所需依靠的融资渠道之一。体育彩票的融资价值主要体现在体育健身事业与大众健身设施的建设、体育知识的普及等方面。

(2)多种市场行为。在我国,体育彩票业是一个随着市场的发展而逐渐形成的新兴产业。在社会主义市场经济的发展背景下,体育彩票作为一种特殊的商品,需要依附于具有计划性的市场,这就要求政府对彩票的营销、财务管理等进行严格管控,以保证体育彩票业的有序发展。

(3)社会的公益性。社会的公益性是我国体育彩票的特点之一,这也是我国积极发展体育彩票业的一个重要原因。

我国对体育彩票发行过程中的资金分配问题做出了明确的规定,要求资金分配为三个部分:一是奖金,在体育彩票资金中的比例不得低于50%;二是发行成本,在体育彩票资金中的比例不得高于15%;三是公益金,在体育彩票资金中的比例不得低于15%。

此外,负责运营与管理体育彩票的相关部门还须成立专门的账户管理机构,并定期向社会公开公益金的使用情况,以接受人民的监督。

2.体育彩票的经营管理对策

(1)完善体育彩票的法制建设。公正性与合法性是我国体育彩票业能够保持长盛不衰的主要原因,而这离不开国家法律的保护。客观来讲,体育彩票业在各个国家都是一项颇具争议的事业,而体育彩票业发展势头较好的国家往往都会制定一系列法律政策来维护体育彩票业的合法发展,并确保体育彩票经营管理的合法地位。

(2)加强对体育彩票业的监督与管理。对体育彩票业的监督与管理,具体可从以下三个方面着手进行:第一,设立受国务院直接管辖的彩票管理局，由国家对筹集到的资金进行统筹安排；第二，成立类似于中国证监会、保监会的组织机构，该机构需要满足具有权威性、由国家管理、受舆论监督、与政府部门完全脱离等条件；第三，成立中国彩票行业协会，授予其相应的权力与职责。

(3)开发新的品种和玩法。体育彩票要想吸引更多民众，就要不断更新体育彩票的品种与玩法。比如，节日(如母亲节、中秋节、情人节等)就是一种可供利用的素材，彩票发行单位可以通过发售“节日彩票”来吸引与节日相关的人群的注意力。

第三章　休闲体育的文化内涵解读

休闲体育文化与人类的社会生活实践之间存在着紧密的联系，但以往人们也很少会从文化的视角对休闲体育进行研究。本章将从文化的角度对休闲体育的内涵进行解读，首先对休闲体育文化进行整体概述，然后在此基础上对休闲体育的审美文化、环境文化、消费文化分别进行介绍。

第一节　休闲体育文化概述

在人类漫长的历史进程中，文化的形成和演变与人类日常的生活方式息息相关，且随着人类文明的进步不断发展变化。休闲体育文化作为文化的一个重要组成部分，其具有独特的内涵。本节将从概念与价值两个角度，对休闲体育文化进行概述。

一、休闲体育文化的概念

要想深入地理解休闲体育文化的概念，就要先对文化、休闲文化的概念进行梳理。下面将分别对文化、休闲文化、休闲体育文化的概念进行阐述。

（一）文化

随着人类文明的发展，休闲现象逐渐开始出现，从这个意义上来看，休闲本身也属于一种文化。具体来说，文化是社会生产与生活方式的沉淀产物。由于不同地区、不同民族的生产方式、生活方式会存在较大差异，因此它们所演化出的文化也必然具有差异性与多样性。一般来说，当一个地域的文化发展到一定的历史时期、一定的规模时，就会形成自己独特的文明和文化圈，如中华文明、巴比伦文明、罗马文明和东亚文化圈、西方文化圈、东欧文化圈等。总体而言，文化具有十分丰富的内涵，且文化在不断地发展延伸。

在古汉语中,“文化”实际上是由“文”“化”二字共同构成的一个复合词组。其中,“文”的本意是指花纹、纹理,之后引申为多种含义,如语言、文字在内的各类象征符号和美、善、德教化等;“化”的本意则是指事物形态或性质的改变,含有生成、造化等含义,如《庄子·逍遥游》中的“化而为鸟,其名为鹏”。最早将“文”和“化”并联起来使用是在战国末年,当时儒生所写的《易·贲卦·彖传》中有“观乎天文,以察时变;观乎人文,以化成天下”。这里所提及的“文化”是指人文化成,其中“人”处于中心地位。此时,“以文教化”的思想已经初步显现出来。

在西方语言的发展过程中,“文化”的概念最早应从古希腊说起。西方的文化最早源于古希腊,之后古罗马人继承了古希腊人的文化遗产。在古希腊语中,与如今“文化”一词的概念最为接近的词语为 paideia,意思是“智力与教育”,它体现了古希腊人的文化观念。在拉丁语中,colere 的意思是“培植、耕耘”,与其同源的另一个词 cultus 主要表达的是“祭祀、崇拜”,这体现了古罗马人的文化观念。在基督教统治一切的中世纪,cultus 得到了广泛运用。[①] 到了大约 15 世纪,法文“culture”一词传入英国,在这一时期,英语中“culture”一词只具有“耕耘”的含义。到了 16～19 世纪,“culture”一词逐渐引申出“知识、心灵的教育”等多种含义。由此可知,“culture”一词的含义从最初的人类农耕活动逐渐引申为精神活动。

由上可知,“文化”(culture)一词最初表达的是人对自然带有目的性的造成影响以及人类自身的教育、训练和培养,是人类在社会实践过程中创造出来的物质财富、精神财富、行为模式与规章制度等。1982 年,联合国教科文组织将文化界定为“一系列关于精神与物质的智能和社会或社会团体的情绪特征。广义文化的概念包含精神、物质、制度的不同层面”。[②]

(二)休闲文化

休闲文化是指人类与自然在“人文化成”过程中产生并形成的独特文化现象及其本质的总和。换句话说,休闲文化就是人类在进行休闲活动的过程中改造自然、教化自身所形成的语言、艺术、生活方式、思维模式、精神状态、价值观念的总和。

休闲文化研究的主要内容包括休闲主体文化、休闲客体文化、休闲中介文化。

---

① 张广智.史学:文化中的文化[M].上海:上海社会科学出版社,2003:3.

② 周毅.旅游文化学[M].上海:上海交通大学出版社,2011:2.

（三）休闲体育文化

休闲体育文化是指人们在闲暇时间里，通过休闲体育运动的形式来展示自己的休闲行为或休闲方式时所形成的物质、精神、制度等的总和。有些学者将休闲体育文化定义为人们在闲暇时间，以自由选择的体育行为方式来实现自我调整、自我享受、自我发展的目的，并由此形成的价值观念、态度、方法等的总称。

具体来讲，休闲体育文化包括四个层面：第一，休闲体育活动过程中的物质实体，以场地、器材为代表；第二，以人的认识与取向为主的价值观念；第三，包含社会和自然双重属性的行为方式；第四，可以展现出社会发展程度的制度规范体系。

二、休闲体育文化的价值

休闲体育文化在发展过程中所形成的价值观、规范化的制度等会对人们的行为、生活方式、人与社会的关系等产生一定的价值影响，这就是休闲体育文化的价值所在。具体来说，休闲体育文化主要具有以下价值。

（一）休闲娱乐的价值

简单来说，休闲娱乐就是在自由的时间内做自己喜欢做的事，并从中获得快乐。休闲娱乐和个人的全面发展、社会的进步有着紧密的联系。娱乐是人的情绪的自然流露，人只有处于空闲或快乐的状态时才会想要开展娱乐活动。休闲体育活动如沙滩浴、冲浪、野营等具有明显的娱乐性，人们可以通过参加这些活动来获取休闲娱乐的感受。另外，观赏性的体育比赛也同样具有休闲娱乐的属性，如人们在观看精彩的 NBA 赛事时，会随着比赛的变化而表现出紧张、遗憾、激动等情绪，而这些情绪变化又会使人的情感得到释放与宣泄，因此，观赏体育比赛也是一种放松身体、愉悦心情的方式。

（二）完善自我身心的价值

现代社会的生活节奏很快，社会分工越来越明确，人们的生活越来越便捷，这也导致人们进行身体活动的次数越来越少，而随着人们饮食的日益丰富和精细化，“文明病”“富贵病”等健康问题变得越来越突出。再加上城市人口的不断增多，水污染、噪声污染、空气污染日益严重，这些都对人体的健康构成了极大的威胁。此外，随着社会竞争压力不断增大，人们的心理承受负荷也在不断加重，人们越来越重视追求更加健康的生活方式，而休闲体育运动正是人们可以选择的一种很好的方式。

具体来说，休闲体育的主要吸引力是休闲体育活动内容本身及其外部活动场所（如森林、温泉、大海等）有益于人们的身心健康。人们在丰富多彩的自然环境和独特的人文环境中开展休闲体育活动，不仅可以锻炼自己的身体，还可以获得心灵上的安宁与回归。从这个角度来说，休闲体育活动可以使人们的心理得到平衡，进而更加轻松、愉悦、精神饱满地工作、学习和生活。

（三）人际沟通与交往的价值

感情心理是人际关系的基础，人际关系与个体自身和个体的社会行为有着直接的关系。良好的人际关系需要对人们的不同心理需求进行分析，只有准确把握人们的心理特点与心理需求，并以此为根本去满足对方的心理需求，才能取得良好的沟通效果。

休闲体育活动可以营造出舒适、轻松的人际交往环境，为兴趣爱好相同的人提供沟通交流的平台，使人们能够自然融洽地沟通。以高尔夫运动为例，人们在高尔夫球场上与他人进行商业谈判，能够有效避免因长时间思考而导致冷场的情况。此外，在休闲体育活动中，人们之间的相互竞争与合作、协同配合等，也可以加强参与者与他人之间的沟通与交流，这有利于增进彼此之间的友谊或感情，进而实现良好的人际沟通与交往。

（四）自我实现的价值

当人们最基本的需求得到满足以后，就会开始追求更高层次的需求，如健身、娱乐、探险等，这也是休闲体育需求产生的动机。休闲体育活动主要包括运动型休闲活动（如登山、野营、潜水等）和观赏型休闲活动。由于休闲体育活动具有休闲、娱乐、健身、交际等多种功能，因此人们开展休闲体育活动的动机与内心感受也具有明显的多样性特点。

一般来说，当休闲体育者基本的健身需求得到满足以后，其就会追求精神层面的需求，如自我实现的价值目标，换言之，即人们对高层次休闲体育活动的追求最终必然会出现精神层面的升华。由于现代社会中的大多数人通常都是在按部就班地工作、学习、生活，这种没有新意、略显枯燥的生活方式会促使人们产生求新求异的需求，而这些需求只有在闲暇时光中才能得到满足。总体而言，休闲体育活动可以满足参与者求新、求乐、求异、求美的心理需求，这些都有利于满足人们实现自我价值的需要。

（五）丰富的人文价值

休闲体育可以反映出不同时期、不同民族在政治、经济、文化、社会风俗等方面的情况，因此休闲体育有着十分深厚的文化底蕴，它是人们生产生活中的文化产物。

休闲体育的物质文化形态主要体现在体育运动的形式与设施上，休闲体育的精神文化形态则主要体现在具有地方或民族文化特色的民间传统休闲体育运动、休闲体育文化节上。中国休闲体育运动深受我国传统文化的影响，如道家提倡的“天人合一，道法自然”的休闲养生观，追求的就是人与自然的和谐关系，这也是一种休闲的精神状态。

总体而言，休闲体育所具有的物质与精神文化形态，可以为休闲体育活动参与者带来不同的文化体验，这十分有利于人文价值体系得到完善。

第二节 休闲体育的审美文化

随着休闲体育文化的不断丰富与发展，以及人们对休闲体育文化的需求越来越多样化，人们对休闲体育文化形成了不同的审美，这种审美现象经过不断地演变与发展，逐渐成为了休闲体育审美文化。本节将对休闲体育审美文化的内涵、特征、主体与客体进行具体论述。

一、休闲体育审美文化的内涵

中西方的休闲体育审美文化受各自时代、环境的影响而呈现出不同的特点，人们的审美标准也存在一定的差异，进而使得休闲体育审美文化的内涵也存在差异。下面将分别对中国和西方休闲体育审美文化的内涵进行阐述。

（一）中国休闲体育审美文化的内涵

中国休闲体育审美文化的内涵最早可以追溯至中国传统审美文化，我国传统审美文化主要受儒家“中庸”之道的影响，表现为万事把握适当的度，并尽量保持事物之间的平衡，同时将道德规范加入对人、对物的审美评价中。换句话说，“中庸”的审美内涵强调“中和”，即在不偏不倚中达到和谐之美，人们认为这才是高度和谐的审美境界，是审美主体情感与理性的和谐统一。另外，儒家“天人合一”的审美思想本质上是将人的道德美赋予大自然，使人的情感表达顺从天理、符合自然，实现人与大自然的和谐发展。

中国休闲体育审美文化还受道家“自然无为，道法自然”审美思想的影响。老子认为，世间万物的发展规律应是以“自然之道”为根本的无为状态，这样才能达到“自然合一”的审美境界。老子的虚静论思想和庄子的美学思想都强调人们在审美的过程中要使自身处于虚静无为的自由精神境界，摆脱世俗繁杂生活的羁绊，这样才能真正实现自我超越。

此外，中国休闲体育审美文化也同样受到佛教思想的影响。中国佛教禅宗分为北派（倡导渐悟）与南派（倡导顿悟）。禅宗认为，人们在对外界事物进行冥想时产生“渐悟”或“顿悟”，就能够进入禅意的意境，此时人的自心（佛性）和宇宙之心（佛）就能合二为一，从而进入“涅槃”的境界，即“无碍”与“空”宁静且和谐的状态。佛教认为这才是美的最理想境界。禅宗的这种理想境界深深影响了我国美学思想的发展，最终使我国形成了以空灵意境为美的禅宗美学思想准则。

我国古代提出的和谐美则更偏向于伦理道德上的和谐统一，即追求内在的意境美。中国休闲体育审美观注重体育活动对人品德的培养，儒家强调的“仁、义、礼、智、信”反映在传统休闲体育中就是“温、良、恭、谦、让”的体育道德美。受儒家严格的等级制度与礼仪制度的影响，传统休闲体育中有着明显的礼让规矩要求。

总体来说，在我国“和合”文化的影响下，中国休闲体育并不过多追求竞争性，而是强调自然美与和谐美。因此，中国休闲体育审美文化重视“内与外”“人与天”之间的和谐。

（二）西方休闲体育审美文化的内涵

西方早期的审美思想主要源于古希腊哲学。以物质世界为研究对象是古希腊的一个主要特征。举例来说，古希腊哲学家、数学家毕达哥拉斯从自然科学的角度来解读美学，其将音乐之美归结为不同高低的音调的不同组合，毕达哥拉斯认为音乐是对立因素的和谐与统一。

总体来说，古希腊美学家十分重视审美对象通过形态、声音所构成的和谐美，他们推崇的和谐美是由差异性与对立性呈现出的外在形式美。不过，古希腊哲学家苏格拉底首次将人的善和美结合起来，提出美除了来自对自然的模仿，也来自于人自身心灵的美。

受西方传统审美文化的影响，西方休闲体育审美文化重视力量和外形美，追求对抗性与个人极限挑战，强调个人价值的实现。极具刺激性、挑战个人极限的攀岩运动是西方休闲体育中十分受欢迎的一个项目，这一运动项目追求力量和力度，体现出人对自然的征服，能够充分展现出参与者的阳刚之美。

（三）东西方休闲体育审美文化的共同点

由上文可知，中西方休闲体育审美文化存在较大的差异性，但它们之间也有不少共通之处。具体来说，无论是中国还是西方，休闲体育活动都可以帮助人们摆脱工作的束缚，回归自然，进入心无羁绊的无虑状态，最终使人身心平衡、精神愉悦，获得美的享受。另外，休闲体育参与者可以在不同的休闲体育活动中展现自己的阳刚美、阴柔美和协调美，进而找到自我价值实现的途径，这有利于其健全人格的培养。

二、休闲体育审美文化的特征

休闲体育审美文化的特征主要表现在以下四个方面。

（一）健康之美

休闲体育活动参与者在休闲体育活动的过程中可以使自己的身心得到放松，心情变得愉悦，这也体现了休闲体育的健康之美。健康之美包含着人类对生命价值的肯定，是人类走向文明的一个重要标志，也是休闲体育的主要目的。

健康美包括身体与精神两个方面的健康美。其中，身体健康美指的是参加休闲体育运动可以使人获得健康的身体与良好的体型，精神健康美则是指参加休闲体育运动可以使人获得良好的心态、美好的情感、坚强的意志品质等。

（二）刚柔之美

我国审美中有“男子阳刚之美，女子阴柔之美”的说法，而随着休闲体育运动的不断发展，休闲体育运动也开始出现“阳刚、阴柔”的审美主张。具体来说，像极限挑战、冒险等休闲体育运动项目就能很好地展现男子的阳刚之气，而体育舞蹈、健美操等休闲体育运动项目则可以很好地展现女子柔美、协调的阴柔之美。如今，社会中许多女性也开始参加一些刺激的、能够展现出力量与刚强的休闲体育运动，不过从审美文化的角度来说，女性的美还是以阴柔之美为主。总之，休闲体育运动中的阳刚或阴柔动作，能够展现出动与静、刚与柔相结合的和谐之美。

(三)内容与形式美

休闲体育的健身娱乐内容可以增强体质与健康,促进人身心的全面发展,对人们有着极大的吸引力,因此休闲体育之美重在内容。另外,休闲体育运动的休闲娱乐使得休闲体育的内容得到极大的丰富,很多休闲体育项目都是在人们游戏娱乐的过程中逐渐形成并发展起来的,如篮球、高尔夫球等。

中国作为一个民族众多的国家,拥有十分丰富的传统休闲体育活动项目,如蒙古族的射箭、侗族的抢花炮等,这些民族休闲体育活动都使我国休闲体育的内容得到极大的丰富,它们将成为世界各国人民共同的财富。

休闲体育的形式多样化也是美的创造与体现,如人们利用草原、森林等自然资源创造出草原赛马、森林探险、滑草等休闲体育活动,这些活动形式既包含自然美,也具有形式美。又如人们利用古代伟大工程遗迹和古人类活动遗迹设计出爬长城、文化溯源驾车等休闲体育活动,这些活动形式既包含人文美,也具有形式美。

(四)社会和谐美

人们参与休闲体育活动并没有功利性目的,主要是为了在满足自己基本生理需求之后,实现对自我价值的追求,从而获得精神享受,实现身心和谐。参加休闲体育运动的人,通过休闲体育人文美与精神美产生的影响,其身心得到和谐发展,进而会引发个人行为的变化,表现出个人的行为美与心灵美,这有利于实现人与自然、人与人之间的和谐,最终也有利于社会的和谐发展。

三、休闲体育审美文化的主体与客体

(一)休闲体育审美文化的主体

休闲体育审美文化的主体是指休闲体育的参与者,其通过各种渠道认识休闲体育活动,休闲体育参与者的休闲体育审美心理会随着不同的阶段而产生变化,同时形成不同的审美体验和相应的审美质量。

休闲体育审美文化主体的审美心理一般会经历四个发展阶段,具体如下所述。

1.初始期

初始期指的是休闲体育参与者刚开始了解或接触休闲体育活动的时期,也可称作认知期。在这一时期,休闲体育活动的参与者会通过不同的渠道来接触休闲体育活动,这些活动对参与者的感官,特别是视觉和听觉会产生较大的冲击。此时,休闲体育活动的参与者在感官上会对休闲体育活动形成初步认知,但这种认知并不全面。

这一时期,休闲体育活动的参与者对休闲体育活动有着新鲜感与好奇心,他们希望能够更深入地了解休闲体育活动,而随着对休闲体育活动的了解程度不断加深,休闲体育活动对活动参与者的感官刺激会上升到知觉,即从生理层面上升至心理层面。

2.沉迷期

休闲体育活动对活动参与者的刺激是由表及里的,而参与者所产生的兴奋感的程度决定了其对休闲体育活动的迷恋程度。这种迷恋程度越深,休闲体育活动参与者的心态也就越会从最初的尝试心态转变成“非玩不可”的心态,在这之后其就会进入沉迷期(也叫作迷恋期)。

沉迷期指的是休闲体育活动对休闲体育活动参与者的刺激已经上升至精神层面,成为其日常生活不可或缺的组成部分。在这一时期,休闲体育活动参与者会十分忘我地进行休闲体育活动,深陷其中难以自拔,逐渐淡化周遭事物,严重者甚至会对周围事物漠不关心,他们对自己的学习、工作不闻不问,一心只想将时间花费在休闲体育活动上,这时的休闲体育活动参与者实际上是有些丧失理性的。

3.矛盾期

当休闲体育活动的参与者感到目前正在参与的休闲体育活动具有较高难度或挑战性太大时,又或者他们对休闲体育活动产生了审美疲劳,此时,这些参与者在精神上的享受就会得到抑制,甚至会产生逃避的情绪。一旦休闲体育活动参与者对休闲体育活动产生乏味、厌倦的情绪,他们就会思考是否还要继续参加这项休闲体育活动。

4.转型期

转型期指的是休闲体育活动参与者在经过矛盾期以后,开始决定是否要继续进行休闲体育活动的时期,这一时期也可以被称作抉择期。一般来说,转型期的休闲体育活动参与者,其抉择主要分为以下两种情况。

第一种，有些活动参与者对自己参加的休闲体育活动十分喜欢，他们会在闲暇时间继续保持对休闲体育活动的兴趣，而随着这些活动对其感官刺激的变化，他们对休闲体育活动会再次产生浓厚的兴趣，周而复始，从而形成一个循环的过程。

第二种，当休闲体育活动参与者在挑战休闲体育活动时失败了，一些人会继续练习，想要继续挑战，另一些人则会选择放弃参加休闲体育活动。而那些选择继续挑战的人，一旦挑战成功，他就会想继续接受新的挑战，如果没有新的挑战，他很可能会再次陷入厌倦的状态。

需要注意的是，对休闲体育运动的挑战既可以指生理与技术上的挑战，也可以指创造性思维的挑战，如围棋运动，其不仅是一种心境、思维的较量，也是一种修养的对话。

（二）休闲体育审美文化的客体

休闲体育审美文化的客体主要包括自然审美文化和人文审美文化，下面分别对这两种文化进行具体介绍。

1.自然审美文化

休闲体育呈现出来的美既有人文之美，也有自然之美。其中，自然美主要表现为形式美，即自然物有着合乎比例、均衡、对称、和谐等多种统一的形式法则。具体来说，形式美主要表现在形状、声音、色彩三个方面。①

休闲体育活动的参与者常常通过自己形体的变化来展示人体形象的自然美，如参与体育舞蹈项目的人会在这项运动中展现出人体的形态美和动作的流畅美，活动参与者优美的体态、协调的动作轨迹可以带给人们美的享受。

总体来说，休闲体育文化的自然美是在体育文化形成过程中，借助人的自然实体，将美的动作、意识、感觉融为一体而表现出来的一种美。

2.人文审美文化

深厚的文化底蕴有利于孕育出休闲体育的人文美，传统的休闲体育人文美就是休闲体育与文化的完美融合。中西方的休闲体育都蕴含着人文美，当休闲体育活动的参与者与这种人文美产生共鸣以后，人们就能享受到人文美所带来的愉悦感。

---

① 杨丽.爱默生自然美思想研究[D].长沙：湖南师范大学，2013.

休闲体育没有什么功利性，主要是为了满足人们更高层次的需求。参与休闲体育运动的过程，也是人们享用、享受生命权利与身体活动权利的过程。休闲体育文化将追求健康、促进人的全面发展置于首位，其与现代人文精神相契合，符合人的自身需求，且有利于人的素质的全面提升。

休闲体育将体育与美育自然结合，在促进身体健康的同时，培养人的审美能力和文化情趣。通过休闲体育运动，人们一方面可以增加对大自然的喜爱，从而实现人与自然的和谐相处；另一方面可以在愉悦身心的同时增进人与人之间的交流与沟通，进而使人际关系更为和谐。总体而言，休闲体育的人文美是休闲体育的灵魂所在，其可以将世俗的体育活动上升至塑造灵魂的境界。

第三节 休闲体育的环境文化

休闲体育的产生和发展离不开良好的社会环境与自然环境，换句话说，环境因素与休闲体育是相互作用、相互影响的。本节将对休闲体育环境文化的相关内容进行论述。

一、休闲体育环境文化概述

环境指的是以人类生存、活动为中心的周围以及与其存在紧密关系的事物境况，主要包括自然环境与社会环境两部分。

要想理解环境文化，就要先厘清文化和环境文化之间的关系。从某种意义上来讲，文化和环境文化就像一种“母子关系”，对环境文化的概念理解应建立在文化的基本概念与特征的基础上。我国学者周玉玲将环境文化定义为“人类为实现人与自然的和谐相处、协调发展而形成的环境保护行为表象与生态文明建设状态”①。

总体来说，环境文化是有关人与自然关系的文化，其核心是人们对人与自然关系的认识、利用、改造的价值观和意义观，以及它们所展现出的基本价值意识等。从物质和精神层面来说，环境文化指的是人类遵循人、社会、自然和谐发展的客观规律而获取的物质成果和精神成果的总和，是环境的

① 周玉玲，宋绍柱.文化、环境文化概念的新界说及阐释[J].辽宁教育行政学院学报，2014(1)：26.

物质属性与文化的精神属性的综合。

在认识休闲体育环境之前，要先清楚体育环境的含义。体育环境指的是围绕体育的空间，能够直接或间接影响到体育各种物质、能力、社会因素和自然因素的总体。[①] 休闲体育环境属于体育环境的重要组成部分，其与竞技体育环境的不同之处在于休闲体育环境不过多强调激烈的竞技对抗性，也不将获得优异成绩作为主要目的，没有严格的规范性，对参与休闲体育活动的人数、场地、器材等没有较多的限制，其注重的是人们可以在闲暇时光自由参加体育锻炼活动，以达到放松身心的目的。

任何一种体育形态都可以看作一种有规则的文化游戏，当它们融入现代人的生活范围后，就会成为人们社会生活方式的重要组成部分。休闲体育环境文化就是在某个特定的时间、空间内形成的关于人与休闲体育活动的物质文化、精神文化、制度文化的总和。地域不同、人文因素不同，休闲体育环境文化也会有所不同。

二、文化视角下的休闲体育环境

文化是博大精深的，不同环境中的人所创造出的文化具有鲜明的地域与人文色彩，体育文化亦然。体育的产生与发展受地理环境和人文环境的直接影响，其中，地理环境是体育形成与发展的基础条件，人文环境是体育发展的重要影响因素，制约着体育的发展速度。下面将基于民俗休闲体育文化、民族休闲体育文化、社区休闲体育文化、广场休闲体育文化等视角，对休闲体育环境进行分析。

（一）民俗休闲体育文化

民俗是集体生活文化的沉淀，是一个族群经过长期的发展而逐渐形成的文化体系，因此，民俗的产生、演变与存亡都与人们的生产生活密不可分。民间民俗体育作为民间习俗活动的一种，其产生与发展与该民族的历史背景和整个民族的习俗密切相关，对民众的生产和生活都有着重要影响。

作为一个国土辽阔的多民族国家，我国不同地区、不同民族之间的自然条件、风俗习惯、历史文化等都存在较大差别，这也就使得我国民间体育形式十分多样化。我国民俗休闲体育文化也是一种生活文化，其内容丰富、形式多样，且具有鲜明的民族特色和悠久的历史。

① 刘买如.关于构建体育环境新学科的初步研究[D].武汉：华中师范大学，2005.

整体来说，我国民俗文化是历史性与时代性相结合的产物，体育则是民俗文化的一个重要组成部分，是体育运动与民俗的结合体，是一种特殊的文化形态，具有时间性、地域性、传承性等特征。

我国民俗休闲体育是指人们在紧张繁忙的生产劳动之余，通过一些休闲娱乐方式来放松自我、调节精神、表达自己意愿的民俗体育活动，其存在于民众的生活、生产之中，具有鲜明的地方民俗文化特征，是民俗文化的重要组成部分，其具有集体性、传统性、多样性、地域性、生活化等特征。

从文化视角进行分析，民俗休闲体育文化是由民俗休闲体育的制度文化、精神文化、制度文化共同构成的，其中，精神文化是核心，物质文化是基础，制度文化处于二者的中间地带，其既体现了物质文化的基础地位，也为精神文化提供了思想资源，同时还受到精神文化的制约。

（二）民族休闲体育文化

民族体育文化既是民族文化中最活跃、影响最广泛且最直接的社会实践活动之一，也是体育文化的重要组成部分。民族休闲体育文化作为民族体育文化的重要组成部分，其构成要素主要包括特定时空中的生产生活方式、行为方式、地域环境、价值观念、社会制度等。

我国地域辽阔，山河景色秀丽，高原、山地、沙漠、平原等各种地貌交相辉映，这种错综复杂的地势地貌与生态环境，为我国独特的体育文化的形成创造了有利条件，产生了不同的生活习俗与生产方式，如草原骑射、山地竞走、大漠赛驼等民族休闲体育项目。人们在不同环境中创造出的、代代相传的民族传统体育文化具有自身鲜明的特色，且随着地方民族文化的演变而不断传承与发展。地域环境在人类征服自然的过程中，也对民族的形成与演变、对各民族群众的思想观念和行为习惯、对社会制度等都造成了很大的影响，从而使不同民族表现出鲜明的区域特色。因此，不同时期、不同地域的人们对地理环境的利用程度和利用方式都有着较大差异，这也就使得民族休闲体育文化具有多样化特征。

随着社会经济的发展，城市化进程的不断加快，人口流动的规模也不断扩大，这极大地推动了民族休闲体育文化的传播与交流，如南方的赛龙舟、大陀螺等民族休闲体育活动已经传播至东北地区。多民族的团结和文化交融，使得民族休闲体育文化能够得到更好的传承与发展。

（三）社区休闲体育文化

自 20 世纪七八十年代起，全球开始出现社会社区化的趋势。我国从改革开放以来，过去社会成员固定点组织管理制度被逐渐打破，人们开始从“单位人”向“社会人”转变，越来越多的流动人口、退休人员开始涌入社区中，这也推动了我国社会社区化的形成。社会社区化发展首先需要满足人们的归属感与认同感，形成一种有利于价值观整合的“心理社区”，而休闲体育正是社区人最容易接受的一种方式，这就为社区休闲体育的发展奠定了坚实的基础，社区体育被越来越多的人所接受，并逐渐推广到全国范围内。

具体来说，社区休闲体育指的是社区居民在社区范围内，借助社区内简易的体育器材、设施，就近组织、参加的各种形式的休闲体育活动项目，其主要目的是强身健体、愉悦身心、促进社会交往等。社区休闲体育这一新的生活方式对人们产生了很大的影响，在许多城市中快速发展，成为人们一种十分重要的生活方式。

社区文化属于群众性文化，其是社区群众在彼此交往、相互作用过程中逐渐形成的，是由社区群众一同创造出来的，其主要包括四部分内容，分别是生活规范、物质生活条件、精神风貌、社区团体与组织。从休闲和体育两个维度去分析文化，会出现一种交叉性文化——休闲体育文化，当其与社区文化结合在一起之后，就形成了社区休闲体育文化。

社区休闲体育文化是通过休闲体育的形式来展现社区文化的，其属于社区文化的一部分，具有社区文化的社会性与开放性，同时也具有休闲体育的娱乐性与自愿性等特征。

社区休闲体育文化还是一种特殊的体育文化，对社区体育的和谐发展具有重要的指导意义。我国社区休闲体育的组织形式主要有两种：一种是社区体协，其运行方式是行政主导型；另一种是休闲体育活动站，其运行方式是居民自发型。我国必须重视加强社区休闲体育文化建设，这是因为其有利于丰富人们的业余文化生活，提高人们的身体素质与生活质量，推进社区发展，进而有利于维护社会稳定，在全社会形成健康、文明、科学的生活方式。

（四）广场休闲体育文化

广场这一概念最早源于欧洲，最早出现在希腊。在过去，中国没有所谓的广场文化，这种在民主社会才会出现的休闲形态与中国以前的专制主义文化是格格不入的。在古代中国，只有国君拥有皇家园林，王公贵族和富人拥有私人园林，而对公众而言，他们并没有足够的公共空间。

改革开放以后，政府除了加强经济建设，也越来越重视精神文明建设，于是各地政府都开始兴建突出自身特色且能够为市民提供休闲娱乐活动空间的文化广场，广场文化自此应运而生，并不断发展起来。

广场休闲体育文化活动的开展离不开场地设施，其受到周围环境、氛围等的影响。广场休闲体育最明显的特点就是需要社会大众的参与，任何年龄、性别、身份、收入水平的人都可以参与到广场文化活动中来。广场休闲体育文化不仅丰富了人们的业余生活，满足了人们的精神需求，还提高了城乡整体的文化层次。

具体来说，广场休闲体育文化可以理解为：以城乡广场为平台，利用城乡广场上的基本体育设施，以健身、休闲、娱乐为目的，由社会大众自发组织的各种具有特定价值指向的文化活动。广场休闲体育文化具有塑造城乡形象、提高城乡文化品位的作用，公共性、开放性和时代性是其主要特点。此外，教育与娱乐是广场休闲体育文化活动开展的出发点，人们既可以自发参与广场活动，也可以有计划地组织参与广场活动。

广场休闲体育是我国城乡居民十分重要的一种生活方式，属于大众体育文化现象，广场休闲体育文化通过良好的审美文化形态，可以展现城乡居民的精神文明风貌，还能够塑造和优化城乡居民的群体文化人格。随着经济的不断发展，城乡建设不断完善，大量广场出现，其宽敞的活动空间、丰富的体育运动器械、距离居住区近等优势，使其成为人们开展休闲体育活动的主要场所，人们在广场内跳舞、下棋、做游戏等，形成了活跃的广场休闲体育活动氛围和浓厚的广场休闲体育文化气息。

第四节 休闲体育的消费文化

休闲体育消费可以满足人们全面发展的多种需求，本节将从文化视角对休闲体育消费进行解读，下面首先对休闲体育与消费文化之间的关系进行论述，然后再具体介绍休闲体育消费文化的表现方式。

一、休闲体育与消费文化的关系

消费是社会生活和社会再生产过程中不可或缺的重要环节。消费不仅是指物质产品的消耗，也包括对服务、精神产品的享受过程。当人们的低级需求得到满足以后，人们就会追求更高层次的需求，而休闲消费就是人们在空闲时间为实现身心愉悦和自身品位与修养的提升而进行的消费行为。

具体来说，休闲消费可以理解为人们在闲暇时间从事的与休闲产品及服务有关的消费活动，其主要包括三部分内容：第一，为满足生理需求而进行的消费活动，如休闲式餐饮、购物等消费支出；第二，为满足精神需求而进行的消费活动，如体育活动、休闲旅游等消费支出；第三，为满足自身发展需求而进行的消费活动，如学习知识、技能等而产生的消费支出。

休闲体育消费指的是人们在闲暇时间参加体育活动或观赏体育比赛时，对体育实物产品、服务产品、精神产品等进行直接或间接消费的行为。休闲消费之所以能够上升到休闲体育消费，这与其自身的功能有着紧密的关系。

由现代发达国家的经验可知，休闲活动是一种重要的社会活动，社会上的个人消费活动大都是在休闲时间进行的，而从休闲活动的内容来看，休闲体育占据着十分重要的地位。

二、休闲体育消费文化的表现方式

下面将从休闲体育的物质消费、消费价值观、消费行为、消费制度四个方面，阐述休闲体育消费文化的具体表现方式。

（一）休闲体育物质消费

人们最能够直观有效感知到的文化存在就是物质形态。从物质层面认识休闲体育消费文化，可以使我们更好地理解并认同休闲体育消费文化。举例来说，人们在不同的场合需要穿不同的衣服，这可以体现一个人的基本素养，穿拖鞋上班、穿皮鞋打篮球都是不得体的。对休闲消费而言，作为人们的一种重要生活方式，人们会通过休闲消费来提升和完善自己，因此，休闲体育物质消费具有较高层次的文化内涵，除了起到强身健体的作用，还能为人的全面发展创造可能。

随着人们个人物质财富的增加和空闲时间的增多，为了弥补心灵的空缺，使自己的精神生活得到改善，人们对休闲体育的需求越来越大。

（二）休闲体育消费价值观

价值观是人辨别是非、认定事物的一种价值取向或思维方式，是人根据一定的感受、思维而做出的理解、认知、判断或抉择。在知识经济时代，人们在选择产品与服务时会更重视它们的文化内涵，那些具有较高文化附加值的产品与服务在市场上也更容易受到人们的青睐，而衡量一个企业是否成功的重要标准之一，就是其提供的产品和服务是否符合社会大众的文化需求。

休闲体育的价值主要体现在为休闲体育活动参与者提供多种体验上。根据马斯洛需求层次理论，当人们的生理需求得到满足后，人们就开始追求安全、情感、尊重等更高层次的需求。随着社会经济的发展，人们的工作压力不断增加，越来越多人的身体、心理等处于亚健康状态，“三高”“过劳死”等案例屡见不鲜，各种病症的年轻化趋势越来越明显。这些问题都引起了社会各界人士的重视，而在缓解压力、促进健康等方面具有突出优势的休闲体育，则成为解决这些问题的一种有效途径，世界各国都在大力发展休闲体育产业。

目前，人们对于珍惜有限的生命已经达成了共识，“花钱买健康”的消费观念开始获得越来越多人的认可，体育锻炼人数的增加、体育消费总额的增加都表明人们的体育消费水平有了较大提升，休闲体育消费价值观越来越深入人心。

（三）休闲体育消费行为

消费行为指的是消费者在从购买消费品到消耗消费品的整个过程中的行为举止与内心活动，其主要包括需求动机的形成、购前准备、购买决策、购买行为、占有并使用消费品等过程。按照消费者行为理论分析，消费者的消费行为主要受以下因素的影响（见图 3-1）。

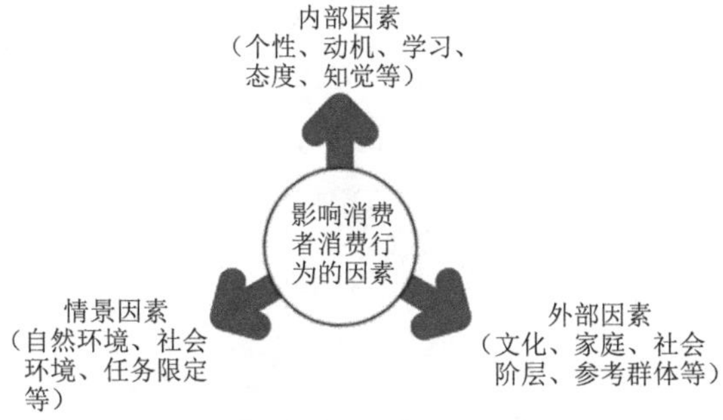

图 3-1 影响消费者消费行为的因素

总体来说，休闲体育消费行为既是一种普通的消费行为，也是一种体育消费行为，它可以增强人的体质，培养人的生活情趣，提高人们的生活品位，使人感到身心自由。另外，消费者的个人特征与消费意识、休闲体育文化等对休闲体育消费行为有着很大的影响。

（四）休闲体育消费制度

休闲体育消费文化还表现为与休闲体育相关的制度、规范、条文的形成与不断完善。社会与人是密不可分的两部分，合理的制度有利于社会的有效运转，而人只有遵守社会制度与规范，才可以更好地适应社会。人们的消费行为同样也需要消费制度和规范的约束与引导，这样才能保证个人消费行为是合理的、合法的。休闲体育消费既与人们的收入(主要指可支配收入)有关，也与人们的时间(主要指闲暇时间或自己可自由支配的时间)有关。任何一个国家在制定实施休闲体育消费制度时都要保证居民的休闲体育消费能够因为自身可支配收入与闲暇时间的增加而没有后顾之忧。

第四章　休闲体育的科学运动分析

休闲体育对运动者的体能与技战术水平并未提出严格的要求，但运动者在参与休闲体育活动的过程中仍需遵循一定的科学指导，这样才能使休闲体育发挥增强体质、愉悦身心的作用。本章将从科学训练、营养保障、损伤处理、医务监督四个方面，来探讨休闲体育科学运动的相关内容。

第一节　休闲体育运动的科学训练

本节将从负荷安排、训练原则、训练方法三个角度，来阐述休闲体育运动科学训练的相关内容。

一、休闲体育运动训练的负荷安排

运动负荷是指当运动者在受到一定的外部刺激时，其机体在生理、心理上所表现出的应答反应程度。在休闲体育运动训练中，要想正确、合理地安排运动负荷，就要首先理解以下几个概念：

(一)负荷量

所谓负荷量，主要包含两层含义：第一，运动员持续进行身体活动的时间与练习次数；第二，机体在承受外界刺激时，所表现出的内部负荷的程度。在休闲体育运动训练中，运动者要想达到较高的训练水平，就必须满足一定的运动负荷量。构成负荷量的因素有很多，包括训练量、比赛量、心理刺激量等。

随着运动训练水平的不断提高，如何合理控制负荷量这一问题越来越受到人们的关注。一般来说，负荷量只有达到一定程度，训练才能达到理想的效果，太小的负荷是难以发挥作用的。但同时也要注意的是，如果负荷过大，超出了运动者所能承受的范围，那么运动效果同样会大打折扣，甚至还会使运动者产生本可避免的运动损伤。

(二)负荷强度

负荷强度是指人们在单位时间内或单个动作中，所完成的训练量以及表现出的生理、心理负荷的反应量。按照不同的分类标准，可将负荷强度划分为不同的类型，具体如图 4-1 所示。

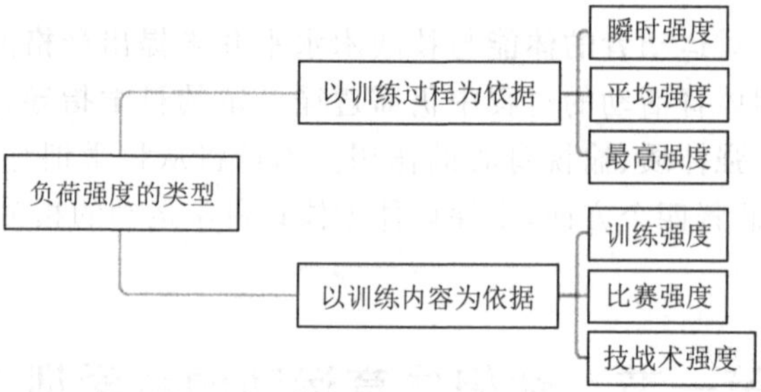

图 4-1　负荷强度的类型

当运动者所承受的负荷强度超过一定的阈值水平时，训练效果才能够体现出来。例如，在对爆发力要求较高的力量训练中，运动者的负荷强度必须超过其最大力量的 30%；而在以耐力为主的运动项目中，只有当运动者的心率阈值达到每分钟 130 次以上时，才能达到相对有效的训练效果。当然，不同训练者在身体素质、运动水平等方面均存在差异，所能承受的负荷强度自然也是不同的，不过总的来说，运动者要想达到理想的训练水平，其心率阈值大体上应满足以下条件：有效心率阈值＝安静时心率＋(最大心率－安静时心率)×60%。

在休闲体育运动训练中，运动者最好能够在保持一定训练量的前提下，逐渐提高训练强度，以使负荷强度也呈逐渐增加的趋势，这样才能使运动者的机体得到有效适应，从而使运动者发挥出较高的运动水平。

(三)运动训练中负荷量与负荷强度的关系

在运动训练中，以负荷量与负荷强度之间的对应关系为依据，通常可以将运动分为三种类型：第一，以运动强度为主的项目，如短跑、跳跃等；第二，以运动量为主的项目，如长跑、竞走等；第三，运动强度与运动量相均衡的项目，如游泳、中距离跑等。

负荷量主要反映的是负荷对机体刺激的数量特征，负荷强度反映的则是负荷对机体的刺激深度。总的来说，两者相互依存、相互影响，负荷量必须依赖于一定的负荷强度而存在，而负荷强度也是在一定负荷量的基础上形成的。

（四）增加运动负荷的要求

1.渐进增加负荷量度

在运动训练的过程中，随着训练水平的提高，运动负荷的量度也会随之增大，这样才有利于达到理想的训练效果。运动负荷的增加是一个循序渐进的过程，一般可按照四种方式进行递增，分别是直线式递增、阶梯式递增、波浪式递增、跳跃式递增。

2.科学确定负荷量度的临界值

运动者负荷量度的临界值并不容易确定，这是因为该数值不仅会随着运动者发育程度、运动水平等因素的变化而变化，还会受到运动者心理状态、身体健康状况等因素的影响。对负荷量度临界值的测量与评价都必须依托充分的科学依据，而鉴于当前人们尚无法全面把握对负荷极限的认知，在确定临界值时，最好还是要保留余地，以免出现过度训练的情况。一般来说，越是接近运动者承受能力的负荷量度，越能带来良好的训练效果。

3.正确处理负荷与恢复之间的关系

运动训练会增加人体能量的消耗，使人体产生不同程度的运动性疲劳。作为运动训练中的一个重要环节，机体的恢复同样发挥着十分关键的作用，如果没有恢复过程，只是一味地增加负荷量，那将会造成运动者机能的下降。良好的机体恢复不仅有利于身体机能的巩固与提高，还能充分展现运动训练的效果。

需要注意的是，机体恢复问题不能等到运动者已经疲劳时再考虑，而应在最初制定负荷计划时就纳入考虑范畴。如果机体恢复得不够及时，那么不仅会对训练效果造成影响，甚至还会使机体形成积累性劳损，进而威胁到运动者的运动寿命。

二、休闲体育运动的训练原则

（一）主动性原则

人们之所以选择参加休闲体育运动训练，大多是出于一定的目的，如有些人是为了更好地对身材进行塑造,有些人是为了将自己从生活压力中短暂地释放出来,等等。总之,绝大部分人参与休闲体育运动训练,都是一种积极的、主动的行为,也正是这种积极性与主动性才能够激励人们长久地将运动健身的热情坚持下去。

(二)针对性原则

针对性原则要求运动者在参与休闲体育运动训练的过程中,要根据自身各方面的实际情况来确定训练的内容、方法、手段等,以使训练达到最佳效果。具体来讲,针对性原则应重点体现在以下两个方面。

1.针对外界环境

运动者在参与休闲体育活动时,要从天气、场地、器材等外界条件出发,以科学的训练方法为指导,来对运动项目、运动负荷、运动时间进行有针对性的选择,这样才有利于收获理想的运动效果。

2.针对自身的实际情况

这一层面的针对性主要是指运动者要根据自己的年龄、体质、健身状况等,有目的地选择运动项目和训练方法,并在此基础上合理安排运动时间和运动负荷。运动者尤其需要在训练前对自己的健康状况进行科学评估,确保运动的强度与难度不会超出自身的承受能力。

(三)经常性原则

经常性原则要求人们在参加运动训练时,要做到持之以恒。这是因为无论是运动技术的提高,还是人体组织系统机能的改善,都是肌肉活动经过反复强化的结果,如果运动训练处于时常间断的状态,身体将难以形成肌肉记忆,训练的累积性作用也将受到影响,已经取得的训练效果同样会不断消退。人们通常所说的“用进废退”“逆水行舟,不进则退”阐述的就是这一原理。

(四)适时恢复原则

通过及时消除运动者在训练过程中产生的疲劳感,来帮助运动者获得超量恢复,进而提高机体能力的过程,体现的正是适时恢复的原则。

在体育运动发展的初期,人们并未意识到恢复对训练的重要性,而是认为恢复是一件自然而然会发生的事情,无须对其予以特别关注。直到20世纪 90 年代，伴随着对运动本质的揭示，越来越多的人开始意识到在很多时候，良好的恢复甚至比运动本身更为重要，如何促进运动者体能的恢复这一问题也开始被纳入运动训练方案的制定过程中。

三、休闲体育运动的训练方法

（一）重复训练法

重复训练法是指运动者在接受训练的过程中，对某个动作或某项技战术进行重复练习的方法，具体包括连续式重复训练法、间歇式重复训练法两种类型。重复训练法的作用原理表现为使运动者巩固自身对特定动作或技战术的记忆，以形成条件反射，继而确保自身能够将技战术水平发挥到极致。

（二）变换训练法

变换训练法是指运动者通过不定时调整训练内容、训练方法、运动负荷的方式，来提高自身的技能水平与应变能力的训练方法。变换训练法的作用主要体现在以下几个方面，如图 4-2 所示。

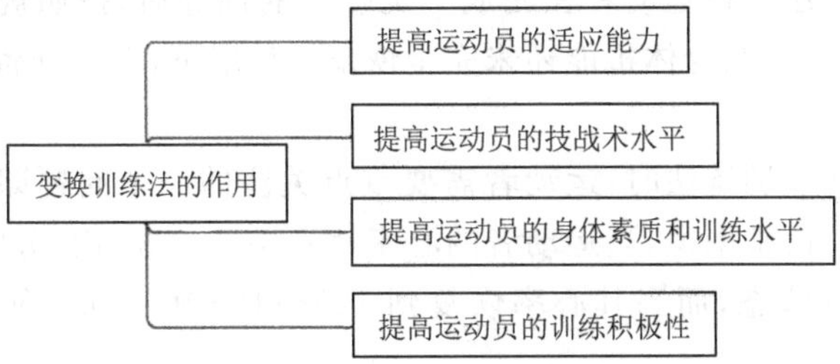

图 4-2　变换训练法的作用

（三）循环训练法

循环训练法是指运动者按照事先规划好的训练顺序，进行循环往复式练习的训练方法。

具体来讲，运动者要首先制定出一份训练计划，而后在完成一个阶段的训练任务后，自觉进入下一阶段。等到各阶段的训练任务均被完成后，便可视作一次循环的结束。此时，运动者需要从第一阶段重新开始，展开新一轮的训练。

(四)持续训练法

持续训练法主要针对的是那些需要经过长期训练,才能达到理想的训练效果的动作或技战术。持续训练法的特点与类型如图 4-3 所示。

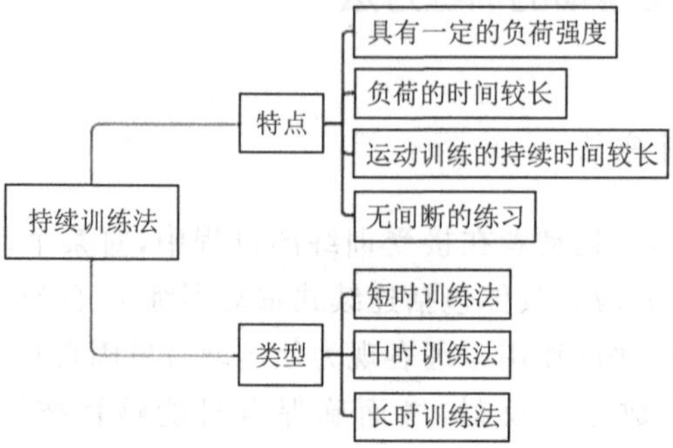

图 4-3 持续训练法的特点与类型

需要注意的是,由于持续训练法所耗费的时间普遍较长,因此相对应的运动负荷强度不宜过大,最好能够使运动训练的强度保持在恒定范围内。

(五)间歇训练法

间歇训练法是指运动者在完成一定强度的训练后,按照规定的时间与方式进行休息,并在身体机能还未完全恢复的情况下,着手准备下一轮训练的方法。

在运用间歇训练法时,运动者需要重点关注的一个问题即训练与间歇的关系问题。通常来说,当运动者的心率达到 160～180 次/分时,运动者就需要进入休息状态,而当其心率恢复到 120～130 次/分时,便可开始继续训练。

第二节 休闲体育运动的营养保障

在参与休闲体育运动的过程中,运动者会持续消耗能量与体力。要想使身体维持在健康状态下,运动者就需要时刻注意补充营养。本节将首先介绍营养素的种类与功能,其次探讨运动者的营养补充措施。

一、营养素的种类与功能

(一)营养素的种类

营养素指的是人体从外界摄取的、为维持自身正常的生理活动与社会活动所必需的营养物质。研究表明,人体中必须含有的营养素共有六种,分别是糖、脂肪、蛋白质、矿物质、维生素、水。

1.糖

糖是人体最重要的能量来源之一,可分为单糖、双糖、多糖三类。

(1)单糖。单糖是指无法被进一步水解的糖类,常见的单糖有果糖、核糖、葡萄糖等。葡萄糖因能够被机体直接利用,而成为单糖中较为特殊的一种,其他单糖则需要先转化为葡萄糖,再被机体吸收、利用。

(2)双糖。双糖是生活中最常使用的一种糖,指的是由两分子单糖脱去一分子水缩合而成的糖,蔗糖、麦芽糖等均属于双糖。与绝大多数单糖类似,双糖同样要在被转化为葡萄糖之后,才能被机体吸收与利用。

(3)多糖。多糖是指由若干单糖分子结合而成的高分子化合物,具有不溶于水的特点。与其他糖类相比,多糖的甜味并不明显。生活中常见的多糖主要有淀粉、糖原、纤维素等。

2.脂肪

脂肪作为人体的重要组成部分之一,是一种十分重要的储能物质,其来源主要包括两种:一是膳食中的脂肪,二是膳食中经过转化的蛋白质和糖。脂肪可细分为三种类型,分别是单脂肪、复合脂肪、派生脂肪。

(1)单脂肪。单脂肪最常见的一种存在形式即甘油三酯,在普通膳食中,大约有95%的脂肪都属于甘油三酯。在运动过程中,人体的脂肪会被分解为甘油三酯,并生成机体运动所需的能量。

(2)复合脂肪。复合脂肪中的脂蛋白对人体健康大有裨益,其在机体能量的储存、运输、代谢过程中,均发挥着重要作用。作为一种复合物,脂蛋白主要由蛋白质、甘油三酯、胆固醇三部分构成。

(3)派生脂肪。派生脂肪即胆固醇。作为人体中不可或缺的一种物质,派生脂肪的作用主要表现在合成胆汁酸、构成细胞膜、合成激素等方面。人体所需的派生脂肪主要源于动物性食物,如猪肉、鸭肉、草鱼等。

3.蛋白质

客观来讲,蛋白质并非人体所需能量的主要来源,但其对人体的健康发展同样具有重要作用。一旦人体中的糖摄入量不足,蛋白质就可以转化为葡萄糖,来为机体提供能量。蛋白质一共包括三种,分别是完全蛋白质、半完全蛋白质、不完全蛋白质。

(1)完全蛋白质。完全蛋白质是指那些所含氨基酸数量充足、种类齐全、比例恰当的蛋白质,常见的完全蛋白质有蛋类、乳类等。

(2)半完全蛋白质。半完全蛋白质是指那些所含氨基酸种类齐全,但数量不充足、比例结构不合理的蛋白质,常见的半完全蛋白质有小麦、小米等。

(3)不完全蛋白质。不完全蛋白质是指那些所含氨基酸种类不全,既不能维持生命,也无法促进机体生长发育的蛋白质,常见的不完全蛋白质有玉米中的玉米胶蛋白等。

4.矿物质

矿物质是指那些能够维持人体正常生理功能的元素,包括钙、钾、铁、碘、锌、钠等。下面将对钙、铁、锌这三种对休闲体育运动者尤为重要的矿物质元素进行简单介绍。

(1)钙。钙是人体维持生理功能所需的常量元素之一,也是人体中含量最为丰富的一种矿物质,可占人体体重的1.5%~2%[①]。

人体内99%的钙都存在于骨骼中,余下1%的钙则存在于体液和细胞中。骨骼中的钙主要包括两大功能,一是构成骨骼,二是充当“钙库”。体液与细胞中的钙则具有维持血压稳定、调节激素、神经传导等功能。

(2)铁。铁是人体维持生理功能所必需的微量元素之一。按照铁元素在人体内的不同作用,可将其分为功能性铁和储存铁两种。其中,功能性铁约占总铁量的70%,主要存在于血红蛋白、肌红蛋白中;储存铁约占总铁量的30%,主要存在于脾、肝、骨髓中。

(3)锌。锌是用以维持人体正常功能的又一微量元素,主要存在于肌肉与骨骼中。影响锌吸收的元素有很多,其中,食物的种类是其中影响力最大的一个因素。有利于锌吸收的食物有葡萄糖、柠檬酸、高蛋白食物等,不利于锌吸收的食物有大豆蛋白、草酸等。

---

① 皮富华,黄波,崔强.篮排足运动文化与锻炼方法研习[M].长春:吉林人民出版社,2012:87.

5.维生素

维生素并非构成人体组织的“原材料”,也无法为人体提供必需的能量,但其为人体生长与代谢同样做出了突出贡献。人体所需的维生素可分为两大类,分别是脂溶性维生素和水溶性维生素,其各自的作用如表 4-1 所示。

表 4-1 维生素的种类与作用

类型	名称	作用
脂溶性维生素	维生素 A	①维持正常的视觉,提高暗适应能力; ②预防夜盲症、眼干燥病; ③维持上皮细胞组织的健康,促进人的骨骼发育
	维生素 D	①增强人体对钙、磷等物质的吸收与利用; ②促进骨骼生长
	维生素 E	①促进肌肉的生长,增强肌肉的耐力与力量; ②维持正常的生殖功能与肌肉代谢; ③强化生殖系统、呼吸系统、循环系统的功能
	维生素 K	①止血,构成凝血酶原; ②促进肝脏制造凝血酶原
水溶性维生素	维生素 B1	①参与碳水化合物的代谢,影响代谢过程; ②保持消化系统、神经系统、肌肉的正常功能; ③预防脚气
	维生素 B2	①即“核黄素”,是酶的重要组成部分; ②促进细胞氧化,保护皮肤、眼睛的健康
	维生素 B5	①即“泛酸”; ②具有抗感染、解毒、消除术后腹胀等作用
	维生素 B6	具有预防神经衰弱、预防动脉粥样硬化等作用
	维生素 B12	①抗脂肪肝,促进细胞的成熟与抗体的代谢; ②防治恶性贫血
	维生素 C	①促进红细胞成熟,增强抵抗力; ②维持骨骼和牙齿的健康,促进伤口愈合; ③增强血管的韧性,预防、治疗败血症
	维生素 PP	①即“烟酸”,是维持细胞生理氧化功能的重要物质; ②具有防治癞皮病的作用
	维生素 H	①即“叶酸”; ②具有抗贫血、维持细胞正常生长的作用

6.水

水是人体中最重要的一种营养素，人体的60%～70%都是由水构成的。当人体内的水流失5%时，人便会陷入疲劳、注意力不集中的状态；而当人严重缺水（机体水流失15%左右）时，甚至会面临死亡的风险[①]。水对人体的作用主要体现在维持体温、消化并吸收食物等方面。

（二）营养素的功能

每一种营养素都有其无可取代的功能，人之所以能够健康成长，也正是由于各种营养素在人体内的“通力合作”。上文中所提及的六大营养素，其主要功能如图4-4所示。

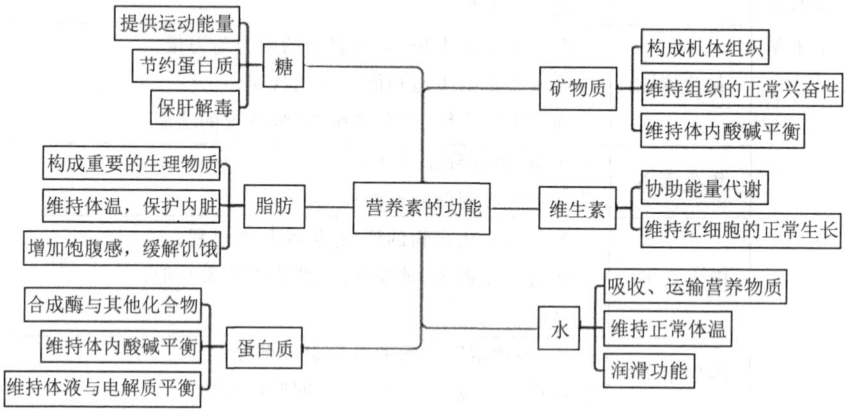

图4-4　六大营养素的主要功能

二、休闲体育运动者的营养补充

对休闲体育运动者而言，任何一种营养素的缺失都会限制其身体机能在运动过程中的发挥。因此，在日常膳食中，休闲体育运动者必须全面、科学地加强营养补充。

① 付辉，吴宋姣，马洪波.高校球类课程教学与竞赛管理[M].北京：中国商务出版社，2012：97.

(一)糖的补充

饮用含糖的饮料、食用易消化的高糖食物等,是人们常用的糖分补充方法。而在不同的气温条件下,糖的补充量又存在一定的差异,如夏季的补糖浓度一般控制在2.5%左右,到了冬季,由于天气寒冷,为提高人体的热能供应,补糖浓度以提高到15%左右为宜。在运动过程中,运动者应遵循"少量多次"的原则进行补糖,且每次补充的糖量要控制在50克/小时左右。

糖分补充的食物来源主要包括四种:一是谷类和根茎类食物,二是米面类、蛋类和肉类,三是蔬菜和水果,四是各种食用糖。表4-2为部分食物含糖量的参考数据。

表4-2　部分食物的含糖量

食物		分量(克)	含糖量(毫克)
米面类	大米	100	76
	小米	100	77
	馒头	100	49
	面条	100	57
蛋类	鸡蛋	100	1.3
	鸭蛋	100	1
	蛋清	100	1.2
肉类	猪肉	100	1
	羊肉	100	1
	兔肉	100	0.2
	鸭肉	100	0.1
蔬菜类	韭黄	100	2
	西兰花	100	3.2
	萝卜	100	3.2
	黄瓜	100	2

(二)脂肪的补充

脂肪作为人体的重要储能物质,通常会占据人体总能量的25%左右[①]。人体摄入的饱和脂肪酸、单不饱和脂肪酸、多不饱和脂肪酸之间的比例大约为1:1:1,无论是过量补充脂肪,还是脂肪补充得不到位,都会对身体器官的正常运转造成不良影响。

脂肪补充的主要食物来源有两种:一是动物性食物,如猪油、鱼油等;二是植物性食物,如花生油、芝麻油等。常见食物中的饱和脂肪酸、单不饱和脂肪酸、多不饱和脂肪酸的含量如表4-3所示。

表4-3 常见食物中的饱和脂肪酸、单不饱和脂肪酸、多不饱和脂肪酸含量

食物	饱和脂肪酸(%)	单不饱和脂肪酸(%)	多不饱和脂肪酸(%)
豆油	14	23	58
花生油	17	46	32
玉米油	13	24	59
葵花籽油	13	24	59
核桃油	6	16	70
奶油	62	29	4
鸡油	30	45	21
猪油	40	45	11

(三)蛋白质的补充

补充蛋白质对休闲体育运动者来说是极为重要的,这是因为运动者在运动过程中,体内蛋白质的分解率会明显升高,如果运动者未能在运动结束后及时补充蛋白质,其身体健康将难以得到保障。

常用于营养补充的蛋白质主要包括两类:一是动物性蛋白质,其含有丰富的氨基酸,主要来源于禽、畜类等的肉、蛋、奶;二是植物性蛋白质,其主要来源于米面类食物和豆类食物,其中所含的氨基酸种类较少。表4-4为常见食物中蛋白质的含量。

---

① 江茹莉,吴美玉,胡朝文.篮排足三大球类教学及实践研究[M].北京:中国商务出版社,2014:50.

表 4-4　不同食物中的蛋白质含量

食物	分量(克)	蛋白质含量(克)
猪肉	100	17
羊肉	100	26
鸡肉	100	19
鸡蛋	100	13
牛奶	100	2.8～3.3
面粉	100	11
大豆	100	36.3
红薯	100	1.3
花生	100	21.7

(四)矿物质的补充

矿物质作为维持人体机能的必需物质,能够在一定程度上保证休闲体育活动的顺利进行。此处的矿物质补充主要指的是对钙、铁、锌等元素的补充。常见食物中钙、铁、锌三种元素的含量如表 4-5 所示。

表 4-5　常见食物中钙、铁、锌的含量①

矿物质	食物名称	分量(克)	矿物质含量(毫克)
钙	强化豆奶	100	200～500
	酸乳酪	100	400
	牛奶	100	300
铁	鸡肉(白)	100	1.2
	牛里脊肉	100	3.4
	燕麦片	100	1.7
锌	小米	100	1.87
	大豆	100	3.34
	瘦猪肉	100	2.99

① 张钧,张蕴琨.运动营养学(第二版)[M].北京:高等教育出版社,2010:204.

(五)维生素的补充

维生素具有促进人体生长与代谢的重要功能。在休闲体育活动结束后,对运动者进行必要的维生素补充,能够有效地加快运动者的新陈代谢,使其身体机能保持正常的运转。但需要注意的是,维生素的补充并非越多越好,运动者应按照自己的实际需求,进行适量的维生素补充。

维生素的种类繁多,能够为人体提供维生素来源的食物也十分丰富,此处主要介绍一些富含维生素 A 和胡萝卜素的食物。在常见食物中,维生素 A 和胡萝卜素的含量如表 4-6 所示。

表 4-6 常见食物中维生素 A、胡萝卜素的含量

分类	食物	分量(克)	含量(毫克)
维生素 A	牛肝	100	56403
	猪肝	100	10756
	鸭蛋	100	294
	鸡蛋	100	180
	带鱼	100	63
胡萝卜素	西瓜	100	12.00
	韭菜	100	7.99
	小白菜	100	5.33
	胡萝卜	100	4.81
	菠菜	100	13.32

(六)水的补充

水是人体中最重要的一种营养素,其主要来源一般包括三种:一是糖类、脂肪、蛋白质在代谢过程中产生的水分;二是食物中所含的水分;三是饮料水。

无论是在日常生活中,还是在运动训练中,休闲体育运动者都应坚持“少量多次”的补水原则。水的补充程度应以无口渴感为宜,也就是说,只要人体能够达到摄水量与失水量的平衡,就无须继续补水。过量补水或补水不足均会给运动者带来负面影响。

第三节 休闲体育运动的损伤处理

与体育竞技相比，休闲体育运动的运动量与运动强度都相对较小，并不容易致人受伤，但这并不能排除在运动过程中因意外而导致运动者受伤的情况。在休闲体育运动中，常见的运动性损伤主要有挫伤、腰扭伤、关节或韧带损伤、关节脱位等，下面将对这些常见运动损伤的形成与处理进行简要叙述。

一、挫伤的形成与处理

挫伤是指皮下组织、肌肉、韧带等组织在受到外力作用(如钝器击打)后所形成的闭合性损伤。一旦发生挫伤，就要立刻对受伤部位进行冷敷，并适当加压包扎，同时要将伤者的患肢抬高，以减少出血量。

当肱二头肌或小腿后肌群出现较为严重的挫伤时，可能会出现部分肌纤维撕裂的现象，这时就需要先包扎、固定患肢，再将伤者送至医院。而如果是头部或躯干发生了严重挫伤，就极有可能出现休克，此时应先让伤者平躺休息，再对伤口进行止血处理，然后立即送医就诊。

二、腰扭伤的形成与处理

通常来说，造成腰部扭伤的原因主要包括以下几种：第一，热身不足，在腰部肌肉尚未充分活动的情况下突然用力；第二，运动负荷过大；第三，韧带过度拉伸；第四，强行用力；第五，技术动作错误；第六，脊柱过度前屈。

当运动者的腰部扭伤时，其应当立即停止运动，并进行休息。如果伤者在腰扭伤后既不休息也不治疗，将极易留下病根。如果腰部扭伤得较为严重，可以运用热敷法对腰部进行热敷，同时也可以在腰部垫上软枕，以缓解疼痛。

三、关节或韧带损伤的形成与处理

（一）指关节扭伤

人的指关节之所以会扭伤，大多是基于两点原因：一是手指受到了侧向的外力冲击；二是暴力作用使得手指关节过伸。

在急性指关节扭伤发生之后，要先对伤处进行冷敷，再局部外敷伤药，同时固定患处。如果出现了指关节韧带断裂的情况，伤者就需要使手指保持在屈曲状态，并固定大约 3 周。

（二）肘关节内侧软组织损伤

造成肘关节内侧软组织损伤的原因主要有两点：第一，肘关节突然外展或过伸；第二，屈肌群与前臂旋前圆肌猛烈收缩，并过度牵扯。

在处理肘关节内侧的软组织损伤时，可以先用氯乙烷或冰袋冷敷伤处，再对伤处进行包扎，最后使用三角巾悬吊患肢。

四、关节脱位的形成与处理

（一）肩关节脱位的形成与处理

肩关节脱位大多是由间接原因造成的，如运动者在摔倒时手掌着地，肱骨干呈高度外展外旋位，此时在外力的持续作用下，可能会导致肩关节的脱位。更为严重者，肱骨会冲破肋间进入胸腔，形成胸腔内脱位。

在处理肩关节脱位时，一般需要经过两个步骤：一是复位，要让伤者呈仰卧状态，处理人员站在患肢一侧，双手紧握伤者手腕，一只脚的脚跟放在伤者的腋窝位置，双手沿着上肢纵轴向下牵引，脚跟向上蹬腋窝，上臂旋转并内收，利用杠杆作用使肱骨复位；二是悬吊，即将患者的上臂内旋并内收，随后借助绷带等工具将患肢悬吊于胸前，悬吊时间为 2～3 周。

（二）肩锁关节脱位的形成与处理

肩锁关节的脱位一般是由直接外力引起的，如当肩关节处于外展、内旋位时，有外力击打肩的顶部，又或者当运动者摔倒时，其上臂内收，肩部着地。

按照损伤程度，可将肩锁关节脱位分为三种等级，即轻度扭伤、中度损伤、重度损伤。轻度扭伤者，只需用三角巾悬吊患肢3～5天即可；中度损伤者，需在锁骨外端与肘下方各置一块保护垫，而后借助胶条使锁骨外端向下，上臂向上，保持3～4周即可；重度损伤者，则需要接受手术治疗。

（三）肘关节后脱位的形成与处理

肘关节后脱位通常是因为人在摔倒后，手撑地面的力量沿着手臂传到了肘部。在处理肘关节后脱位时，应先手动使肘关节复位，再用长臂石膏托屈肘位大约3周时间。

（四）髋关节脱位的形成与处理

髋关节脱位通常是由强烈的外部作用引起的，包括前脱位、后脱位、中心脱位三种类型，其中，后脱位的发生频率最高。

在处理髋关节脱位时，伤者应仰卧，并使侧髋与膝关节弯曲为90°，然后由处理者用一只手握住伤者的小腿并向下压，另一只手套住伤者的膝盖后部，并向上牵引，使骨头接近关节囊后壁破口，同时向内旋转股骨头，使股骨头滑到髋臼，再由另一人将股骨头向髋臼推挤复位。

第四节　休闲体育运动的医务监督

医务监督在休闲体育运动的过程中发挥着十分重要的指导作用，能够为休闲体育活动的开展提供科学的依据与支持。本节将首先对医务监督进行概述，而后阐述休闲体育运动中的自我监督。

一、医务监督概述

（一）医务监督的概念

医务监督是指在医学观察的指导下，合理、科学地进行体育运动，以达到预防伤病、提高运动技术水平、维持身体健康等目的的过程。具体来讲，医务监督包含以下几层含义：①以运动生理学、运动心理学、运动病理学、运动解剖学等学科的理论为基础；②从医学、生物学等角度揭示体育运动的规律；③对从事体育运动的人的身体状况进行全面观察与检查；④对从事体育运动的人的发育水平、运动水平、健康状况等进行评价；⑤为体育教师或教练员提供制定训练计划的依据，以保障体育活动的顺利进行。

（二）医务监督的内容

医务监督有广义与狭义之分，从不同的角度来看待医务监督，会发现其所包含的内容也存在一定的差异。

从广义来看，医务监督所包含的内容如图 4-5 所示。而从狭义来看，医务监督主要指的是对运动者的身体机能进行监测的过程，其作用在于通过医学检查来综合评定运动者的一般适应能力与专项适应能力，从而为运动负荷的安排、训练计划的制定等提供科学的依据。

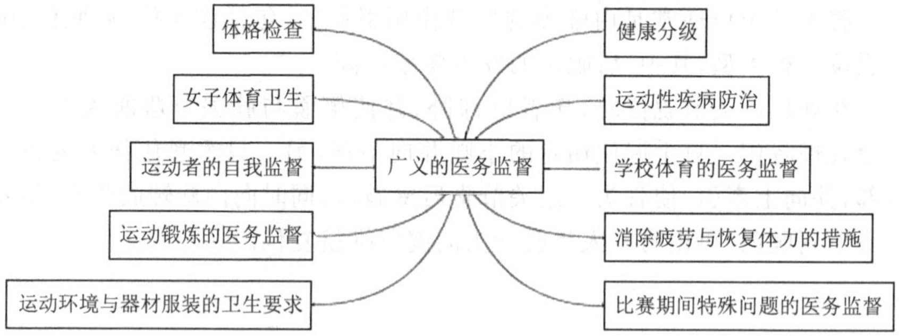

图 4-5　广义的医务监督

二、休闲体育运动中的自我监督

在参与休闲体育运动的过程中，运动者为获得良好的训练效果，通常会自觉进行自我监督，以便及时调整运动量和运动负荷。休闲体育运动者的自我监督通常包含两个方面的内容，一是客观检查，二是主观感觉。

（一）客观检查

在休闲体育运动中，运动者进行客观检查的结果一般是通过体重和运动成绩表现出来的，具体如下所述。

1.体重

一般来说，一个健康的成年人的体重应是相对稳定的，但在系统的运动过程中，其体重却往往会发生一定的变化，具体如表4-7所示。

表4-7　运动过程中的体重变化

阶段	表现
第一阶段	①因失去过多的水分和脂肪，体重呈下降趋势（一般下降2～3千克）； ②体重会持续下降3～4周
第二阶段	①体重处于稳定状态； ②运动后体重会有所减轻，但在1～2天内又会逐渐恢复； ③这种状态一般会持续5～6周
第三阶段	①长期坚持运动会使肌肉等组织变得发达，体重有所增加； ②如果体重减轻了2～3千克，可能是因为运动量太大； ③如果减少了运动量，体重仍未回升，需前往医院检查

2.运动成绩

在参与带有竞技性质的休闲体育运动项目时，运动者的运动成绩通常会随着运动时间的增加而逐步提高，直到保持在较高水平上。如果运动者的运动成绩一直没有进步，甚至还有所下降，就说明运动者存在身体机能状况不良、运动过度等问题。

在进行自我监督时，运动者应对自身的运动成绩进行记录，并根据运动成绩的变化来判断自身的身体状况：如运动成绩稳步提高，则记录为“良好”；运动成绩保持不变，记录为“一般”；运动成绩下降，记录为“不良”。

（二）主观感觉

在休闲体育运动中，运动者用以进行自我监督的主观感觉主要集中在食欲、睡眠、运动心情、精神状态等方面。

1.食欲

一般情况下，身体健康的人都有良好的食欲，再加上体育运动会使人消耗较多的能量，人在此时的食欲应当更加旺盛。如果运动者在正常的进食时间内出现了食欲减退的现象，就说明其在运动过程中训练过度或身体状况出现了问题，运动者就需要对训练计划进行合理的调整。在记录自身的食欲状况时，运动者可填写食欲良好、食欲一般、食欲不好、厌食等。

2.睡眠

如果运动者在参加完休闲体育运动后，出现了睡眠质量差、夜间多梦、失眠、醒后四肢无力等症状，就说明运动者所承受的运动负荷不合理。运动者在记录自己的睡眠质量时，需要记录的内容主要有睡眠时间、睡眠状况等，具体的等级可分为良好、一般、差。

3.运动心情

运动心情反映的是运动者主动参与体育运动的欲望，一般可分为三种，分别是渴望运动、愿意运动、不愿运动。如果运动者具有强烈的运动欲望，就说明其身体机能状况良好；当运动者的身体状况不佳时，其往往容易对参与体育运动产生消极的抗拒心理。

4.精神状态

精神状态包含正负两个方面，即正常感觉和不良感觉。正常感觉主要表现为运动后的疲劳感消除较快、身体机能恢复较快、精神饱满、身体无不适感；不良感觉主要表现为运动后四肢无力、肌肉酸痛、关节疼痛、上腹部疼痛、头晕恶心等。运动者可根据自身精神饱满的程度，将自己的精神状态记录为良好、一般、不好等。

第五章　休闲体育的球类项目指导

人们在工作、学习之余能够参加的球类休闲体育活动项目有很多，但受气候、环境等因素的影响，有些球类运动适合在室内进行，有些则适合在室外进行。本章将分别对室内、室外的休闲体育球类项目进行介绍。

第一节　室内球类项目指导

本节主要介绍台球和保龄球这两项室内休闲体育球类项目，首先对这两项运动进行概述，然后对这两项运动的基本技术指导进行介绍。

一、台球

(一)台球概述

台球是一项深受人们喜爱的室内球类运动，其最早出现在欧洲，后来传入美国。1400 年，第一张台球桌出现，早期的球桌只有拱门或门柱，没有袋。在英国维多利亚女王时期，台球开始在英国上流社会广泛流传，受到了上流阶层人士的喜爱。

20 世纪初，台球运动开始逐渐发展为一项竞技运动项目。台球运动在 20 世纪的发展历程具体如图 5-1 所示。

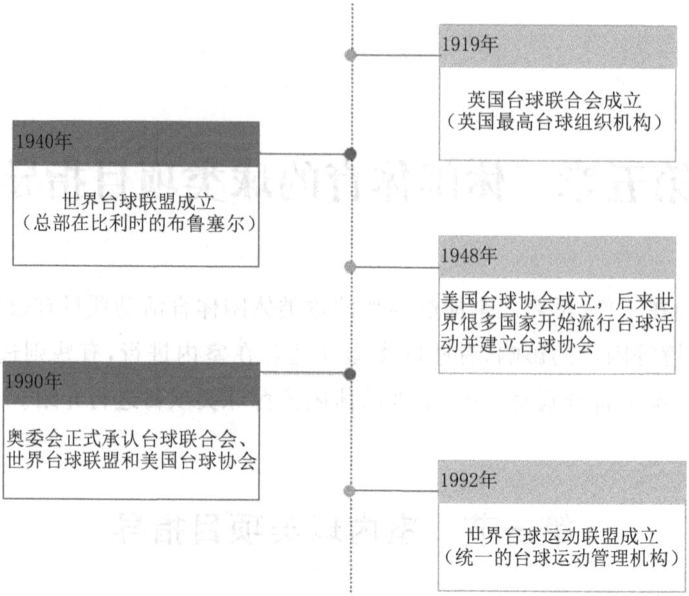

图 5-1　20 世纪台球运动的发展历程

台球运动传入我国的时间比较晚，距今还不到 100 年。20 世纪 80 年代，美式台球与英式斯诺克才开始在我国逐渐普及开来。1986 年，我国成立了中国台球协会，随后各个省市也开始相继成立台球协会，这极大地推动了台球竞技运动的发展与普及。现阶段，我国台球运动有了较大发展，优秀的台球运动员不断涌现，并在国际、国内比赛中取得优异成绩，如我国“台球神童”丁俊晖，2014 年被世界台球运动联盟确认其在新的世界排名中位居世界第一，他是首个登上世界第一的亚洲球员，2018 年他被选入斯诺克名人堂。

（二）台球基本技术指导

台球运动的设备很简单，对场地条件的要求也不高，因此很容易在我国得到普及。下面将对台球运动的基本技术进行论述。

1.握杆技术

要想掌握良好的握杆技术，首先要清楚球杆的重心位置，然后再掌握正确的握杆方法，具体如下所述。

(1)球杆的重心位置。如图 5-2 所示，台球球杆的重心位置通常在杆尾 1/4～1/3 处。一般来说，人们握杆会从点向杆尾移动大约 40 厘米，这段距离是较为合适的握杆距离。不过，由于主球距离库边的距离、出杆时的力度等并不是固定不变的，因此，握杆的位置也可以适当改变。此外，人的身高和球杆长短的不同，也会导致握杆的位置有所不同。

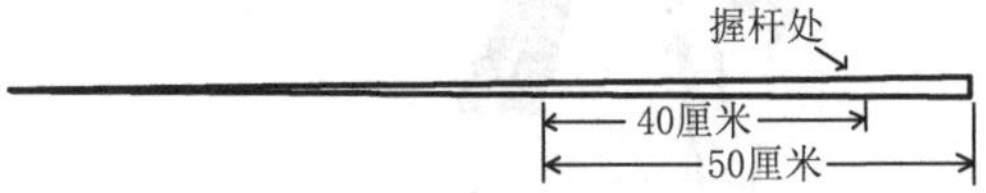

图 5-2 球杆的重心位置

(2)握杆方法。在用后手握杆时，手腕必须能够自由活动，拇指与食指在虎口位置轻轻夹握住球杆，其余三个手指虚握住球杆(见图 5-3)。在出杆击球时，手腕前后摇动，然后通过腕力将球击出。如此握杆的优点是可以使手指、手腕及整个手臂适度放松，这样在运杆时动作就会十分流畅。

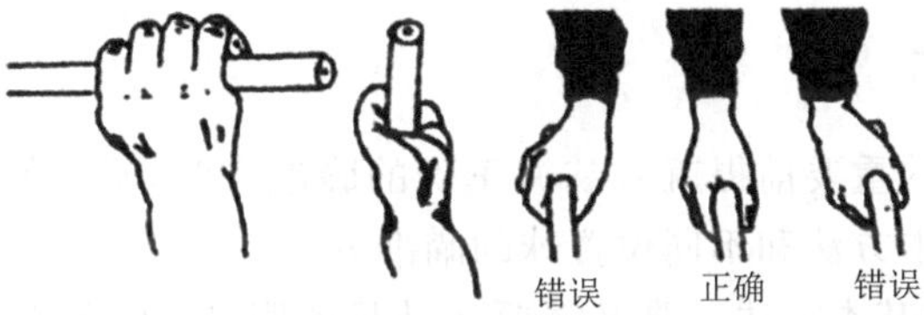

图 5-3 握杆手势

2.身体姿势

击球方向主要取决于站位与身体位置，正确的身体姿势有助于击球者更顺利地完成击球动作。具体的身体姿势如下所述。

(1)站立位置。右手按要求握好球杆，面朝主球方向站好，平握球杆，使主球与主球行进的方向保持在一条直线上。杆头与主球的距离在 10～20 厘米。

(2)脚的位置。身体站立位置确定以后，握杆的右手保持不动，左脚平行开立与肩同宽，或左脚略朝前半只脚的距离。右腿直立，右脚位于握杆手的内侧，右脚脚尖自然向前，左膝略微弯曲，左脚脚尖既可朝前，也可略朝向外侧。

(3)躯干姿势。一般来说，台球运动中运动员大多采取平视瞄准击球的姿势，即上身向前平伸靠近台球桌面，头略微抬起，下颌与球杆几乎相贴，双眼平视向前，顺着球杆方向瞄准，如图 5-4 所示。

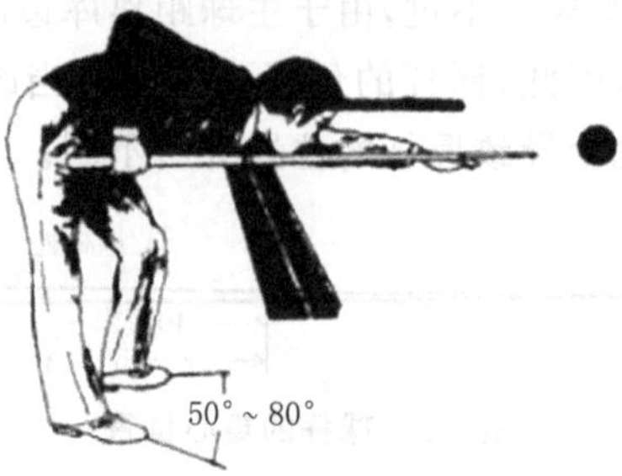

图 5-4　台球击球时躯干姿势

(4)面部位置。击球时，面部的位置也十分重要。在瞄准的时候，运动员的下颌要对准球杆的中轴线，双眼平视前方，此时面部中心包括鼻子、嘴、下颌都与球杆和右后臂处于同一垂直平面上。

3.瞄准方法

击出好球的重要前提就是掌握正确的瞄准方法，确定好瞄准点。下面介绍瞄准的基本方法和不同位置球的瞄准方法。

(1)瞄准的基本方法。瞄准需要运动员的眼睛、主球、目标球处于一条直线上。球杆要随着眼睛转，所以实际击球时使球杆、主球、目标球处于一条直线上。瞄准点在进袋直线上，距离目标球后一个球半径长度的点位上，这种方法叫作直接找点法。目标球和瞄准点的中心连线就像是目标球长了个小尾巴，因此这种方法也叫“看尾巴”。

(2)不同位置球的瞄准方法。

1)击边缘球：注意击球时的手架，将球台边框作为球杆的支架，食指轻轻按住球杆，下巴贴在球杆上，双眼和球杆处于垂直状态。

2)击球台中央球：可以爬到球台上击球，注意不能碰到其他球，且一条腿必须着地，否则就是犯规。

3)主球在边沿时击球：击球时左手四指按在球台边框上，以平背式手架架起球杆，由于球台的边框挡住了主球，所以击边沿球时只能轻击，且要击中主球的上部，如果使劲过大很可能会造成滑杆。

4)使用杆架的击球：击球者双手全部支撑在球台上，右手握在球杆尾部，球杆正对鼻梁来瞄准，注意击球时要轻一些，将球杆直线平稳地向前推进，绝不能晃动球杆。

4.架杆技术

架杆指的是用手给球杆一个稳定支撑，并在主球的击球点对杆头进行调节的姿势。架杆是击出好球无比重要的环节。下面介绍一些基本架杆方法和特殊架杆方法。

(1)基本架杆方法。在击球时,将球杆前部放在一个用手做成的稳定支撑点上,可以提高击球的准确性。下面介绍两种比较常用的手架杆方法。

1)平握式手架杆:先将手掌心朝下自然平放在球台上,五指分开,然后食指略向外侧移动一点,拇指跷起,用拇指第二指关节贴在食指根部位置,此时拇指与食指之间形成一个凹槽,球杆可以在这个凹槽内平稳地运动(见图 5-5)。

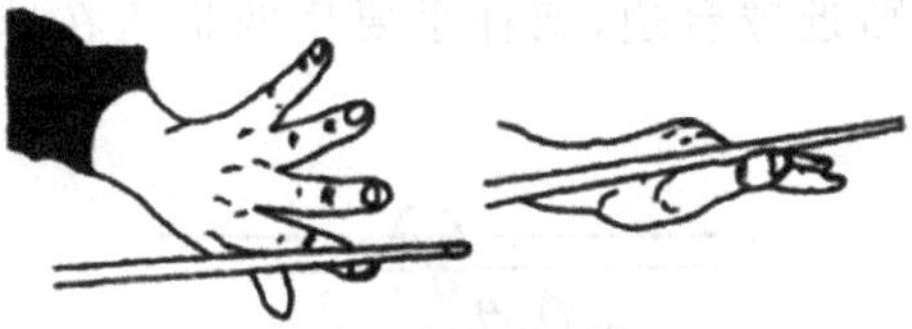

图 5-5　平握式手架杆

2)环扣式手架杆:手掌心朝下放在球台上,指尖稍稍向内收起,中指、无名指、小拇指略向内弯曲,然后用这几根手指的外侧与掌外侧、掌根形成一个支撑点;拇指与食指扣成一个环,球杆从中垂直穿进,此时要用拇指与中指来保持球杆在前后运动时的稳定状态(见图 5-6)。

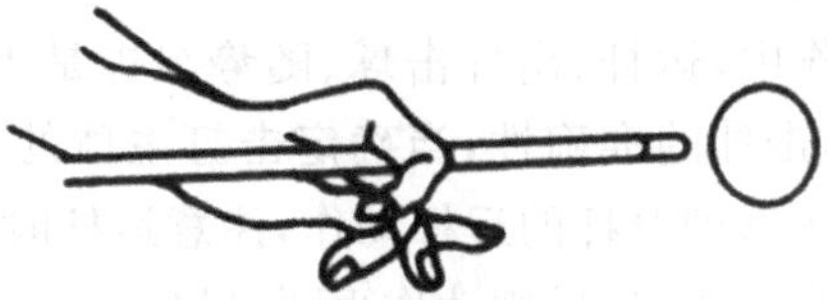

图 5-6　环扣式手架杆

(2)特殊架杆方法。除了上面介绍的两种基本架杆方法外,当主球靠近库边或主球后面有球时,需要采取一些特殊的架杆方法,具体如下所述。

1)如果主球与球台边有一定距离,架杆手可以用四指抓住球台边,如图 5-7 所示。

图 5-7　主球与球台边有一定距离时的架杆方法

2)如果主球后面有其他球,为了避免球杆碰到球,架杆手要将四指立起来,如图 5-8 所示。

图 5-8 主球后有其他球时的架杆方法

3)如果主球贴近球台边,架杆手要用四指压在球台边上,如图 5-9 所示。

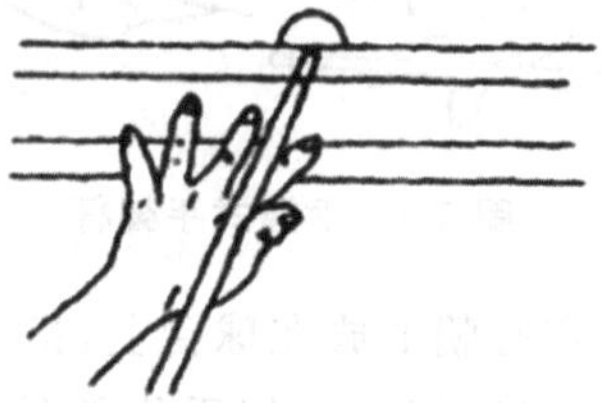

图 5-9 主球贴近球台边时的架杆方法

5.击球技术

在台球击球动作中,运杆、出杆击球、随势跟进是十分重要的环节。其中,运杆是为了提高击球的准确性,当确定击打主球的某个部位后,运动员通常会尝试做几次往返进退杆的运杆动作,注意运杆时身体要保持稳定,出杆前要使杆保持平稳的状态,后摆动作也要又慢又稳。

出杆击球是台球击球动作中最关键的环节,是在后摆、停顿后完成的动作,出杆击球的好坏决定着击球的效果。一般来说,出杆击球的动作如下所述:以肘关节为轴,弯曲肘关节,前臂做前后摆动动作,利用手指、手腕在拉杆与出杆时的调节动作,使球杆在运行的过程中始终保持水平状态。注意不要在肩部附加力量,大臂要固定不动,在打触击球的瞬间要注意控制手腕的力量,尽量避免因手腕过分抖动而导致击球不准确。

在击球以后,为了确保击球力量充分作用在主球上,同时也为了保持击球动作的连贯与协调,球杆要随势跟进。

下面介绍几种常用的击球方法。

(1)直线球。击球入袋最基本的形式之一就是直线球。打直线球时,主球的中心击球点、目标球的撞点、袋口的中心点处于一条直线上。当球杆撞击主球中心击球点后,主球再撞击目标球的撞点,目标球就会直接落入球袋。

(2)偏击球。偏击球指的是主球撞击目标球的侧面。而根据主球撞击目标球侧面的程度,偏击球还可以细分为厚球与薄球。其中,厚球指的是主球撞击目标球的撞击点在目标球球体 1/2 以上,薄球指的是主球撞击目标球的撞击点在目标球球体 1/2 以下。一般来说,在打偏击球时,瞄准点应该位于目标球击球点向外一个球半径处与主球中心点纵向运动方向延长线的交点上。

(3)反弹球。反弹球是指主球利用球台边的反弹将目标球击入球袋中的击球方法,其可以分为两种类型:一是直击反弹球,这种击球方法适用于主球、目标球与利用球台边反弹入袋的反弹点处于同一条直线上的情况,如图 5-10 所示;二是偏击反弹球,这种击球方法适用于主球、目标球与利用球台边反弹入袋的反弹点不在同一条直线上的情况,如图 5-11 所示。

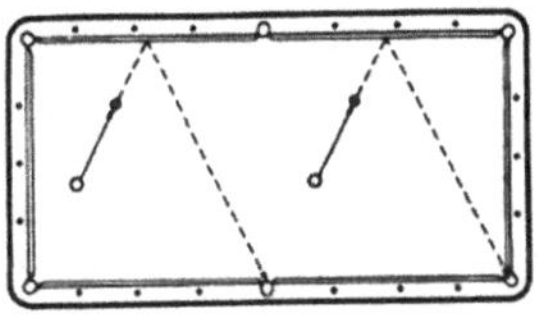

图 5-10 直击反弹球

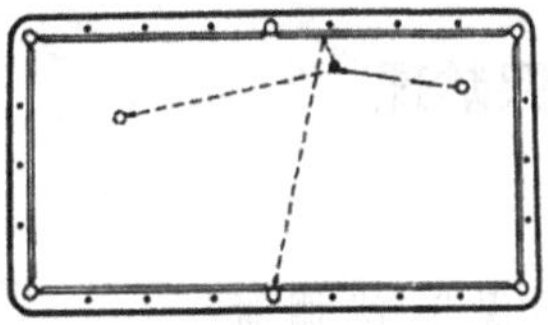

图 5-11 偏击反弹球

(4)弧线球击球。当主球与要击打的目标球之间有阻碍物时,就无法采用直击的方法击中目标球,此时运动员可以利用球台边反弹击球的方法或弧线球击球的方法来击中目标球。弧线球击球时,运动员要判断主球走弧线的大小,然后做出以下调整:①对握杆手的高低进行调整,握杆手抬高,球杆向前倾斜越大,弧线越大,反之越小;②对击球点进行调整,击球点离球的中心点越远,弧线越大,反之越小;③对出杆击球的力量进行调整,力量越大,弧线越大,反之越小。图 5-12 为弧线球击球练习示意图,此时握杆手抬高 10～15 厘米,击主球后侧击点。

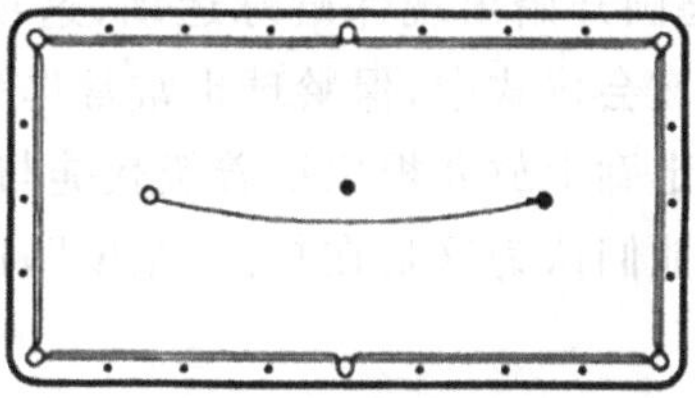

图 5-12 弧线球击球

(5)联合击球。联合击球是指主球撞击目标球,目标球又撞击其他目标球而使最后一个目标球落入球袋的击球方法。运动员在击球时，要先确定最后一个入袋目标球的入袋瞄准点，然后再确定被主球撞击的目标球对被撞击入袋目标球的瞄准点，最后确定主球撞击第一个目标球的主球击点，然后就可以击球，如图 5-13 所示。需要注意的是，联合击球要尽可能不用侧旋球，特别是对初学者而言。

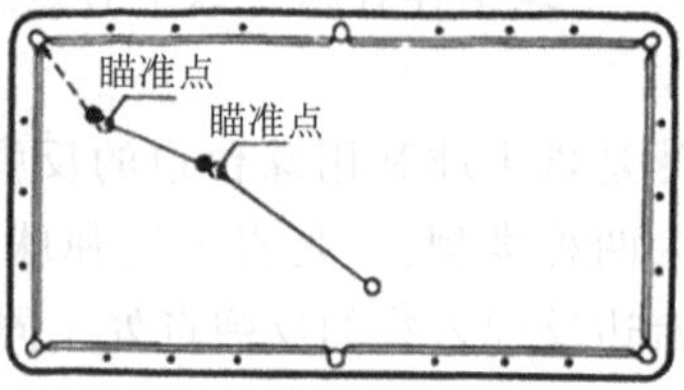

图 5-13　联合击球

二、保龄球

（一）保龄球概述

保龄球是一项通过在木板道上滚球击柱来完成的室内休闲球类运动，也叫“地滚球”或“九柱戏”（见图 5-14）。

图 5-14　保龄球和球瓶

公元 3～4 世纪，德国开始出现保龄球运动，这项运动在当时深受欧洲贵族的喜爱。后来，在教会仪式中，保龄球也常常作为一种象征性的活动出现。当时，人们在教堂走廊上放九根象征着叛教徒与邪恶的柱子，然后用球滚地将这些柱子击倒，他们认为这是在打击“魔鬼”，这项活动主要是为了测试教徒的诚心。

16 世纪，这项九柱戏运动被荷兰移民带到了美国，并在很短的时间内被当地的人们所接受。在美国，这项运动逐渐从户外转向室内。

19 世纪，保龄球从最初的 9 柱变成了 10 柱，并在美洲、欧洲、亚洲等区域广泛流行，保龄球也被承认是一个运动项目。1875 年，世界上首个保龄球协会在美国成立，该协会对保龄球球柱的大小和球道的长度做出了明确规定。

1951 年，国际保龄球协会联合会（以下简称“国际保联”）在芬兰成立，其主要分为美洲、欧洲、亚洲三大区域。

1988 年，在第 24 届汉城奥运会上，保龄球被列入奥运会表演项目；1992 年，在第 25 届巴塞罗那奥运会上，保龄球被正式列入奥运会比赛项目。而在亚洲，保龄球运动是亚运会的正式比赛项目。

保龄球在 20 世纪初传入我国，改革开放之后在大中城市迅速发展。1985 年，我国成立了中国保龄球协会。1987 年，我国加入国际保联。目前，我国保龄球运动的发展水平整体不高，未来还有很长一段路要走。

（二）保龄球基本技术指导

1.准备姿势

首先要设定站立点与瞄准点，然后练习者持球站立在设定好的站立点，双脚略微并拢，脚尖对准瞄准点，再按握球动作要领握好球。此时练习者需要注意以下几点：①手腕要与地面平行；②手臂要尽可能地靠近腰部；③整个上臂和肩部呈直角；④球的位置要在肩部与腰部之间，球的重心和手臂要在一条直线上。之后，握球的右手要稍微收紧，左手略松一些，两肘紧靠肋部，上身略弯曲，腰部挺直，双膝稍微弯曲，双肩平行并正对目标，双眼集中精神瞄准目标和目标线。

2.握球技术

握球又称“持球”。握球时，双手要放在球的左右两侧，将球从回球机上捧起。以右手持球者为例，左手托球，右手中指、无名指插入指孔内，大拇指则深深插入拇指孔内，注意手心要与球的弧面贴合，握紧球。

根据保龄球打法的不同，握球的方法可分为以下三种：

(1)传统握球法。如图 5-15 所示，传统握球法就是将中指与无名指插入指孔以后，两指第一二指节全都伸入指孔内的握球法。这种方法易于控球，是当前使用最多的握球方法，特别是初学者和一些力量较弱的女性，很适合使用这种握球法。

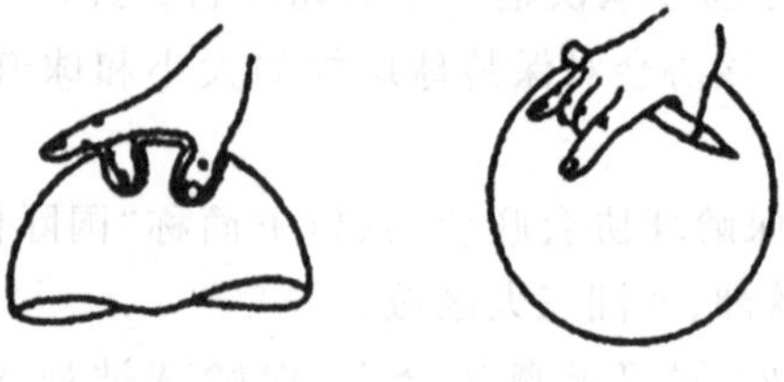

图 5-15　传统握球法

(2)半指节握球法。如图 5-16 所示,半指节握球法就是将中指与无名指深入指孔到第一指节与第二指节之间的握球法。采用这种握球法可以投出转速较快的曲线球与飞碟球,也更容易体会到保龄球的趣味性,半专业的保龄球球员经常使用这种握球法。

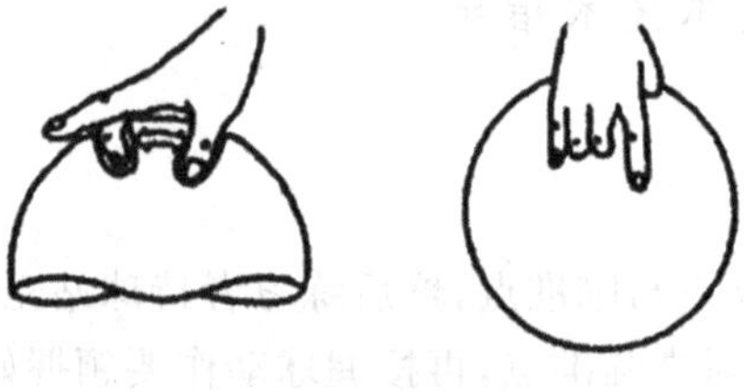

图 5-16　半指节握球法

(3)满指节握球法。如图 5-17 所示,满指节握球法就是将中指与无名指第一指节全部深入指孔的握球法。这种握球法在摆动时会增加两指指端的负担,比较费力,且控球难度比较大,不过这种握球法可以投出转速很快的大曲线球,适用于经验丰富的保龄球高手,职业球员在比赛时就经常使用这种握球法。

图 5-17　满指节握球法

3.助走摆臂

在放球以前,练习者要通过相应的助走与摆臂来为保龄球提供更大的动力。在助走之前,要先量好助走的距离,且要沿直线助走。当准备姿势完成以后，练习者持球站立，使球的中心线和球道上的某个目标箭头处于一条直线上。

助走开始以后，右脚朝正前方迈出一小步，同时双手将球推向前下方，然后右臂伸直，与身体呈 45°夹角，左手离球并向外展开。需要注意的是，推球动作和出脚要同时进行，右脚着地后，重心要移到该脚上。

第二步，迈左脚，迈出的步幅要略小于第一步。在球的重力作用下，右手臂自然下摆，左手向外侧展开。当右手臂下摆至与地面垂直时，身体重心要逐渐移到左脚上。

第三步，握球的右手臂从下摆位置过渡到后摆位置，同时迈出右脚，迈出的步幅大小与第一步相同，不过速度要更快一些，左手则继续向外展开。当右脚着地时，球后摆到最高点并与肩部齐平，此时身体前屈，重心移到右脚上，使身体保持平衡。

4.放球技术

在球回摆的过程中，手腕和手臂不进行任何人为的变动，当球回摆到左脚内侧位置时，大拇指先从指孔中脱离，中指与无名指向上勾提后从指孔中脱离，将球推出离手。需要注意的是，球出手以后，手臂顺势前伸。

第二节 室外球类项目指导

本节主要介绍街头篮球和高尔夫球这两项室外休闲体育球类项目，首先对这两项运动进行概述，然后对这两项运动的基本技术指导进行介绍。

一、街头篮球

（一）街头篮球概述

街头篮球是从篮球运动中派生出来的，其起源于美国贫民区，是黑人青少年十分喜爱的篮球运动。

20 世纪 50 年代，美国黑人少年经常在街巷内与同伴一起组织开展篮球游戏或比赛。后来在美国密歇根安州洛威尔镇举办的大众篮球节上，街头篮球赛首次出现。到了 20 世纪 90 年代中期，街头篮球开始进入城市，为这项运动的发展奠定了广泛的群众基础。美国篮坛中极负盛名的篮球斗牛赛区——哈林区145号，许多篮球巨星都曾在此参加过街头篮球比赛，如艾弗森、加里·佩顿等。

我国街头篮球赛出现得比较晚，近些年才逐渐流行起来。20世纪90年代后，我国一些大城市开始举办街头篮球赛。1995年，广州举办了“羊城晚报杯”街头篮球挑战赛，广州也因此成为我国最早举办街头篮球赛的内地城市。后来，我国又相继举办了各种街头篮球赛，如“百事可乐杯”街头篮球赛、“劲跑CBA全国街头篮球赛”等。

如今，街头篮球已经不只是一项篮球运动，它还是一种艺术形式，许多参加街头篮球的青少年将街头文化、嘻哈音乐的节奏等赋予了街头篮球，并创编出很多花式篮球动作。总体来说，街头篮球有着浓厚的大众化色彩，对场地、器材的要求不高，且具有较高的健身、娱乐价值，因此它成为广大篮球爱好者，特别是青少年篮球爱好者十分喜爱的一项体育活动。

（二）街头篮球基本技术指导

1.移动技术

街头篮球运动员的移动动作花样众多，令人眼花缭乱。相较于一般篮球的移动技术，街头篮球具有更强的灵活性与律动感。不过，街头篮球的移动技术也是建立在一般篮球移动技术的基础上的，具体的移动方法如下所示。

(1)起动。起动时，身体重心降低，上体向前倾斜，双臂屈肘并自然垂在身体两侧，后脚或异侧脚的前脚掌使劲蹬地，然后迅速摆臂起动。注意起步迈步时的动作要迅速、短促。

(2)跑。街头篮球中常出现的跑包括变向跑、侧身跑、变速跑、后退跑等。以侧身跑为例，运动员在进行侧身跑时，其脚尖要对准跑的方向，头与上体也要转向球的方向，这样才能注意到场上的情况。

(3)跳。在做单脚起跳动作时，起跳腿要快速屈膝，脚跟由着地状态迅速转为前脚掌用力蹬地，同时腰部与胯部用力向上提起，两臂用力向上摆，另一条腿则屈膝向上抬起，然后加快起跳速度；当身体跃起到空中高点位置时，双腿自然并拢、伸直，身体处于伸展状态。落地时，双腿屈膝进行缓冲，同时注意保持身体平衡；双脚开立与肩同宽，屈膝降低身体重心，然后迅速衔接其他动作。

(4)跨步。在做同侧跨步动作时，双腿弯曲，以左脚为轴用力蹬地，右脚朝右前方跨出，身体重心移到右脚上，右脚脚尖向前，上体略向右转。

在做异侧跨步动作时，双腿弯曲，以左脚为轴用力碾地，右脚用力蹬地朝其侧前方跨出一步，落地时右脚脚尖向前，身体重心移到左脚，上体略向左转，右肩朝着移动的方向向前探。

(5)滑步。以横滑步为例，随时调整身体重心，使身体保持平衡，但注意身体不能上下起伏。动作结束后，恢复到最初的身体姿势，然后根据场上攻守的实际情况快速切换动作。

(6)后撤步。在做后撤步动作时，前脚脚掌内侧用力蹬地，上体与腹部用力向后撤转，与此同时，前脚要朝侧后方回撤，后脚掌用力碾地。

(7)转身。在做转身动作之前，双脚分开与肩同宽，双腿膝盖略微弯曲，上体稍向前倾斜，使身体重心落于双脚之间；随着转身动作的进行，身体重心要转移到中枢脚上，以前脚为轴用力碾地，移动脚用力蹬地，同时上体随着移动脚的转动而转动。需要注意的是，在做转身动作时身体重心要平衡移动，不能上下起伏，转过身后，身体也要保持平衡，这样才能更好地衔接下一个动作。

(8)急停。在做跨步急停(两步急停)动作时，首先跨出一大步，整个脚掌着地后，双腿膝盖迅速弯曲来降低身体重心，身体向后仰以减缓前冲力；之后跨第二步，在身体保持平衡的状态下，前脚掌内侧着地，膝关节向内收起，身体侧转并稍向前倾斜，双臂自然弯曲张开。

在做跳步急停动作时，单脚或双脚起跳，上体略微向后仰，双脚同时落地，以使身体保持平衡。

2.运球技术

街头篮球中的一项重要进攻技术就是运球技术，其主要包括以下几种：

(1)低运球。运动者双眼目视前方，双腿快速弯曲，以降低身体重心。上体向前倾斜，使球的落点位于身体侧方，用自己的上体与腿来保护球，同时，用手指、手腕短促地拍按球的后上方，将球的高度控制在膝关节的高度。

(2)高运球。运动者双眼目视前方，双腿略微弯曲，上体略向前倾，以肘关节作为弯曲轴，前臂自然伸屈，用手指、手腕拍按球的后上方，拍按动作需柔和但力度要够。需要注意的是，在做高运球动作时，球的落点要在运球手臂同侧的脚的外侧，球的反弹高度要超过运动者的胸腹位置，如图5-18所示。

图 5-18　高运球

(3)背后运球。背后运球主要用于被对手紧逼,难以在体前进行变向运球的情况。以右手运球、从背后向左侧变向为例,在变换方向时,运动者的右脚要在前方,用右手将球拉到右侧的背后,然后快速转腕拍按球的右后方,而拍按球的轨迹是从背后到身体左侧,之后换左手运球,左脚向前,加快速度带球前进。

(4)胯下运球。当运动者遭到防守队员迎面堵截时,可以通过胯下运球来摆脱防守队员。以右手运球为例,运动者在做变向时,左脚在前,右手拍按球的右侧上方,使球由双腿之间运到身体左侧,之后右脚上前,换左手运球,加快速度带球前进。

(5)转身运球。当运动者被对手从右路堵截时,运动者要快速上左脚,稍弯曲膝盖以将身体重心移到左脚,并以左脚前脚掌为轴向后进行转身,右手则将球拉到身体的后侧方,拍按球,使球落在身体的外侧,之后立即换左手运球,并迅速超越对方的防守。

(6)运球急停急起。运动者要想在运球过程中突然停止,通常会采用两步急停的方式。具体来说,运动者降低身体重心,拍按球的前上部,使向前的球不再继续向前;运球急起时,双脚用力向后蹬,上体迅速向前倾斜,起动速度要快,与此同时,拍按球的后上部,身体重心降低控球,人和球同时迅速向前走,如图 5-19 所示。

图 5-19　运球急停急起

3.传球技术

下面介绍几种常用的传球技术。

(1)单手肩上传球。以右手传球为例,运动者双手胸前持球,双脚平行站立,传球时左脚朝传球方向迈出半步,右手托球将球引至右肩上方,肘部外展,上臂与地面基本保持平行,手腕后仰;左肩对着传球的方向,身体重心在右脚,右脚蹬地转体,然后快速朝前挥摆右前臂,手腕向前弯曲,食指、中指发力将球拨出传球(见图 5-20)。需要注意的是,当球出手以后,右脚要跟随身体重心前移迈出半步。

图 5-20　单手肩上传球

(2)双手胸前传球。运动者双手持球于胸腹位置,两肘在体侧自然弯曲,双眼平视传球的目标方向,传球时后脚用力蹬地,身体重心前移,双臂向前伸直,双手手腕朝内侧旋转,用力下压拇指,食指、中指用力快速拨球传球(见图 5-21)。

图 5-21　双手胸前传球

(3)双手头上传球。运动中双手从球侧面持球置于头顶,指尖朝上,肘部略微弯曲,朝传球方向跨步,手腕向后转,将球移到脑后向前抛出,手腕向下翻转发力,做好随球动作。

4.持球突破技术

下面介绍两种常用的持球突破技术。

(1)原地持球交叉步突破。以右脚为中枢脚、从防守队员右侧突破为例,运动者双脚分开站立,略微弯曲双膝,以使身体重心降低,持球于胸腹之间的位置。在做突破动作时，右脚朝右侧前方迈出一小步，并将防守队员引至自己右侧，然后右脚前脚掌内侧迅速蹬地，并朝左侧前方跨出一大步，上体略向左转，下压右肩，身体重心朝左前方移动，将球推引至身体左侧，左手在右脚左侧前方拍按球，左脚用力蹬地，加速超越对手(见图 5-22)。

图 5-22　原地持球交叉步突破

(2)行进间突破。运动者在快速移动的过程中接到来自同伴的传球时，要伸展双臂准备接球，双臂伸展的方向要与来球的方向一致，一脚快速用力蹬地，之后双脚起跳接前方或侧方的来球，此时其与防守队员形成位置差。双脚落地之后，膝盖弯曲以降低身体重心来保持平衡。

5.投篮技术

下面介绍三种常用的投篮技术。

(1)原地单手投篮。以右手投篮为例，运动中双脚分开站立，右脚向前迈出一小步，身体重心放在双脚中间，弯曲肘部，向后仰起手腕，五指自然张开，右手持球于右眼前上方的位置，左手扶着球的一侧，双膝微屈，上体放松并略向后倾斜，双眼瞄准篮点。在投篮时，蹬伸下肢，同时使腰腹部保持伸展状态，肘部向上抬起，伸直前臂，手腕向前弯曲，食指、中指在手腕的带动下将球用力弹拨出去，球离开手之后，右臂自然跟进投篮的动作(见图 5-23)。

图 5-23　原地单手投篮

(2)原地双手胸前投篮。运动者自然站立,双眼注视瞄准点,双腿略微弯曲,前脚掌着地,上体略微前倾,双手自然张开,捏住球两侧略靠后的位置,两拇指相对呈八字形,手指与手掌接触球,手心空出,弯曲肘部靠近身体,胸前持球。投篮时身体伸展,双脚用力蹬地,双臂向前上方伸出,两拇指朝前上方用力推出,此时手腕略向外翻,球后旋转飞行。

(3)行进间单手肩上高手投篮。以右手投篮为例,运动者大步朝来球方向或投篮方向跨出右脚,并做接球动作。之后左脚朝前小跨一步,脚跟先着地,后仰上体,左脚迅速蹬地起跳,右腿膝盖弯曲,双手同时向前上方举球。身体腾空后,右臂向前上方伸展,手腕向前弯曲,食指、中指在手腕的带动下将球用力弹拨出去,做出投篮动作。投篮出手后,双脚要同时落地,双腿弯曲降低重心,以缓冲落地的力量(见图 5-24)。

图 5-24　行进间单手肩上高手投篮

二、高尔夫球

(一)高尔夫球概述

许多研究高尔夫球的学者都认为高尔夫运动起源于 14～15 世纪苏格兰的圣·安德鲁斯,到现在为止那里仍然保留着古老的高尔夫球场,大约有 600 年的历史。高尔夫运动的名称(Golf)来自苏格兰的方言(Gouf),意思是“击、打”。

17～18 世纪,高尔夫运动有了进一步发展,这一时期有了一项重大发明——一种新型的羽毛制球，这种球由皮革作外壳、羽毛作芯缝制而成，它比原来老式的木质高尔夫球可以飞行更远的距离。这种新型高尔夫球的问世极大地推动了高尔夫运动的发展。高尔夫运动在 17 世纪传入美洲，18 世纪传入英国，19 世纪 20 年代传入亚洲，后来又传到了非洲。这项运动常被认为是财富和权势的象征。

进入 20 世纪之后，高尔夫球发生了革新，高尔夫运动的比赛规则和制度逐渐建立起来，并不断得到完善，许多国际性高尔夫赛事开展起来，再加上高尔夫球场管理水平的不断提高，高尔夫运动迎来了新纪元，这项古老的运动焕发出新的活力。

高尔夫运动是一项人们十分喜欢的体育休闲运动，也是当今体育个人比赛中奖金数额极高的项目之一。目前，世界上著名的高尔夫球赛事有四个，分别为大师赛、美国高尔夫球公开赛、英国高尔夫球公开赛和 PGA 美国职业高尔夫球锦标赛。图 5-25 为高尔夫球与高尔夫球杆。

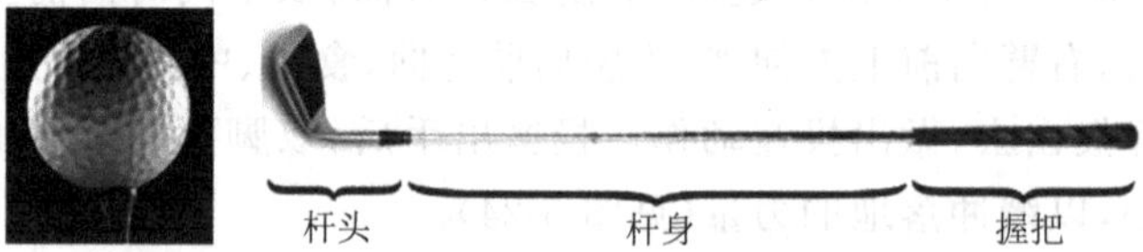

图 5-25　高尔夫球(左)与高尔夫球杆(右)

(二)高尔夫球基本技术指导

下面将对高尔夫运动中的握杆方法、击球姿势和击球动作进行介绍。

1.握杆方法

握杆方法主要包括三种类型，分别为重叠式握杆法、十指式握杆法、互锁式握杆法，具体如下所述。

(1)重叠式握杆法。重叠式握杆法(见图 5-26)手势：左手的大拇指贴在右手的掌心，右手的掌心将左手的大拇指包裹住，然后将右手的小拇指放在左手的食指与中指之间。

这种握杆方式便于双手的平衡用力，手感较好，适合打一些灵活性或技巧性较强的球。

图 5-26　重叠式握杆法

(2)十指式握杆法。十指式握杆法(见图 5-27)手势:球杆放在左手手掌与手指的交界处,用大拇指抵住球杆,并用食指托住球杆,右手小拇指与左手食指紧贴在一起,再用右手掌心的下部包住左手的大拇指。

这种握杆方式的优点是手腕翻转比较灵活,易于握紧球杆,可以集中击球的力量。这种握法对各个年龄段的球员,特别是力量较大的球员均可适用。

图 5-27　十指式握杆法

(3)互锁式握杆法。互锁式握杆法(见图 5-28)手势:右手的小拇指与左手的食指交叉互锁在一起,左手的大拇指包裹在右手的掌心中。

这种握法有利于控制球杆,手掌较小、手指较短的球员或挥杆时速度较快的球员都可以使用这种握杆方法。

图 5-28　互锁式握杆法

2.击球姿势

球手握好球杆以后,在准备击球时,其身体各个部位都要处于正确的位置，即保持正确的击球姿势。在障碍区内，球手要保持正确的击球姿势，下面主要介绍球手击球时的脚位、球位与身体姿势。

(1)脚位。脚位指的是球手准备击球时双脚站立的位置，主要有以下三种形式。

1)正脚位：指球手双脚脚尖连线与准备击球的路线平行的站位方式。当球手全力击球时，无论使用哪一种球杆，均可以采用这种站位方式。在正脚位击球时，球手的手、双肩、腰部均要与目标线处于平行状态。

2)开脚位：指球手左脚比右脚略靠后的站位方式。其主要适用于打右曲球或短铁杆击高球的情况。运用开脚位且球杆杆面正对着击球方向挥杆时，球手在引杆时左肩不易做出向内扭转的动作，而在下挥杆做顺摆动作时，其身体容易打开，有利于形成从外到内的挥杆轨迹，最终击出右曲球。

3)闭脚位：指球手右脚比左脚略靠后的站位方式。其主要适用于木杆开球、球道上击远球或有意打左曲球的情况。运用闭脚位击球时，双脚脚尖的连线朝向目标的右侧，引杆时左肩可以充分向内回旋，不过这也容易造成从外到内的挥杆轨迹，产生左曲球，而在下挥杆击球时也会影响到身体的回旋。

(2)球位。球位是指球手做好准备击球的姿势时，高尔夫球被击出以前所处的位置。球手握好球杆站在击球位置上，左脚保持固定不动，球位则位于靠近左脚的位置。一般来说，球杆越短，双脚之间的距离也就越窄，球手离球的距离也会越近。

(3)身体姿势。正确的身体姿势是，球手握好球杆以后，双手自然前伸，球杆底部轻轻着地，双脚开立与肩同宽，身体重心在双脚上。背部要挺直，身体从髋部开始向前倾斜，头略朝下俯视，以正好可以看见杆头为准。双膝略微弯曲，身体侧对目标方向。

3.击球动作

击球动作主要包括两个环节，分别是瞄球和挥杆击球，具体如下所述。

(1)瞄球。瞄球的动作要点就是球杆杆面正对目标，然后根据杆面的位置来调整身体、站位等。

瞄球的姿势是球手双脚脚尖的连线与球和目标的连线处于平行状态。球手站于球后，双臂平行伸出，其中球与右臂处于同一条直线上，即所谓的目标方向线。在此之后，球手可将一支球杆放在地上标出目标线的方向，并使手中球杆的击球面对准球。

(2)挥杆击球。挥杆击球是指球手整个身体围绕一个固定中心点完成的平衡的、协调的动作。挥杆击球主要包括以下五个动作：

1)引杆:指从击球准备阶段开始,球手将杆头向身体后上方摆动的动作。正确的引杆动作有利于球手在挥杆时保持身体纵轴的稳定,注意身体扭转要平稳,手臂动作要缓慢且舒缓。引杆动作的最后有一个制动,引杆动作结束以后进入下挥杆动作的分界线就是“制动点”。

2)下挥杆:球杆向上挥到顶点位置时稍作制动,便开始做下挥杆动作。正确的下挥杆动作要求球手下挥杆时,其身体重心会有意识地移至左脚,与此同时,球手左膝在下挥杆动作时要保持伸直状态;左腿支撑身体,为右腿做蹬地送髋动作提供条件,臀部则随着手臂向下挥杆,快节奏地转为向上挥杆前准备击球时的姿势,借助臀部旋转的力量,可以增加手臂击球的力量,此时右腿的用力也带动髋部的移动;腰部也要朝着击球准备时的状态扭转;而在腰部和下肢力量的作用下,左肩自然向左转动,带动左臂向下拉引球杆,在身体重心移至左脚的同时,右肘要移至右髋位置,此时球杆杆头还留在后面。

3)击球:指借助杆头的重量与运行速度,通过下挥杆动作使球向前运行的技术。其属于下挥杆的一部分,也是整个挥杆动作轨迹中的一点。击球的动作要领是:挥杆击球是用球杆的杆头击球,下挥球杆时手腕的弯曲状态要保持不变,在距离球 30 厘米的击球区突然甩腕;当双臂位置处于击球准备姿势时,球杆杆头以最快的速度到达挥杆轨迹的最低点,而在杆头面接触到球的一瞬间所产生的冲击力可以将球迅速击出;在做击球动作时,球手应尽量击中“甜蜜点”(指杆头中用于击球的最佳落点,其正式名称是“重力中心”);在击球的过程中,球手头部保持不动,双眼注视球,球杆击在球背正中位置,这样球才能朝着正前方飞去。若击中球的顶部位置,球将会被击到地上,出现地滚球;而若是击中球的侧面,球会朝着球道两侧的一方飞去。

4)顺摆动作:指击出球后球杆杆头继续朝着击球方向挥动的过程,它是触球动作的延续。顺摆动作的动作要领是:球手触球以后,其身体重心会逐渐全部转移到左腿上,右踵提起,右腿膝盖向左腿膝盖靠拢,随着右脚的移动,腰部继续向左转动;身体继续绕轴心转动,右臂在杆头的带动下逐渐伸直,右肩则需对准击出球的方向,杆头朝目标方向大幅度挥出,头部则固定不动,双眼要始终注视击球前球的位置。

5)结束动作:这是挥杆击球动作的终点。其动作要领是:球手顺摆动作充分时,右臂继续带动右肩朝下颌下方转动,杆头则朝左后上方运动;右臂继续处于伸直状态,夹紧左腋,而随着右臂向上运动,左臂肘部向上弯曲,肩部和腰部则向左转动,此时身体重心从左脚内侧向足跟外侧转移。当右臂与右肩处于平直高度时,头部要随着转动轴转向目标方向,双眼要始终注视飞行中的球。

第六章　休闲体育的游戏类项目指导

休闲体育游戏是休闲体育活动的常见形式之一，有助于增加休闲体育的趣味性，吸引更加广泛的群体（尤其是少年儿童群体）参与其中。本章将重点介绍传统游戏、水中游戏、趣味游戏这三类休闲体育游戏。

第一节　传统游戏

传统游戏通常是指一些发展时间长、受众范围广的游戏项目，如踢毽子、跳绳、拔河等。本节将简单介绍几种易于操作的传统游戏。

一、踢毽子游戏

踢毽子是一项老少皆宜的终身性运动。在古代，只需将一束鸡毛插在铜钱上，再用布条缠牢，就可以扎成一个毽子。作为一项历史悠久的民间体育项目，踢毽子的方法有很多，由此衍生出的踢毽子游戏也有很多，下面将简单介绍几种易学的踢毽子游戏。

（一）看谁踢得多

1.游戏方法

将游戏者每两人分为一组，其中一人站在圆圈内。听到信号后，圈内的人开始按照规定的踢毽子方式踢毽子，直到中断为止，另一个人紧接着进入圈中继续踢，如此循环。看哪组踢得多，多者为胜。

2.游戏须知

（1）游戏目的：增强腿部力量，发展肢体的协调性。

（2）游戏准备：按照人数画若干个直径为 2 米的圆圈，每两人用 1 只毽子。

(3)游戏规则:第一,必须连续踢,失误一次即判中止;第二,必须在圆圈内踢,只要出圈就判中止;第三,必须按照规定的动作踢。

(二)花样踢毽

1.游戏方法

将游戏者每两人分为一组(也可超过两人),在指定场地内,每个人分别用不同的方法踢毽子,如脚内侧踢、脚外侧踢、脚正面踢等。不限时间,只比谁踢的花样多,多者为胜。

2.游戏须知

(1)游戏目的:提高灵敏素质,增强腿部力量,发展协调性,培养踢毽技巧。

(2)游戏准备:一块场地,若干个毽子。

(3)游戏规则:在运用同种踢法踢了5～10次后,必须改为其他踢法。

(三)踢毽接力

1.游戏方法

将游戏者分为若干组,每组人数自行决定,保持相等即可。每组成员一起进入事先画好的圈中,等到信号发出后,第一位踢毽者先用脚内侧踢毽的方式踢5次,然后任意踢给圈内的另一人,第二位踢毽者接过毽子后用同样的方式再踢5次,以此类推,直到队内有人出现失误。看哪组接力的时间维持得长,坚持时间长的队伍为胜者。

2.游戏须知

(1)游戏目的:发展灵敏素质,增强腿部力量,培养合作意识。

(2)游戏准备:在场地内画若干个圆,圆的面积根据人数而定,同时为每一组准备一只毽子。

(3)游戏规则:第一,接毽子时,必须用脚接踢,不得用手触摸毽子;第二,毽子落地或在脚上明显停留,即算失误;第三,只有当每个人都轮流踢过一次之后,才能开始第二轮,在第二轮开始前,任何人都不得重复踢。

二、跳绳游戏

在我国,跳绳是一项由来已久的民族传统游戏,其运动量可以由跳绳者根据动作的繁简或速度的快慢自行调节。跳绳能够有效提升人们的各项身体素质和运动能力,如速度素质、灵敏素质、耐力素质、弹跳能力等,对少年儿童的身体发育也起着不可替代的促进作用。下面将简单介绍几种规则易懂但运动效果好的跳绳游戏。

(一)双脚跳绳接力

1.游戏方法

将游戏者分为人数相等的若干小队,每个小队内部再分为人数均等的A、B两组,相对站在两条平行线后。当信号发出后,各队A组的排头持跳绳双脚跳跃前进,跳到对面后,将跳绳交给B组的排头,B组排头再双脚跳绳前进,以此类推。最终率先完成的队伍为胜者。

2.游戏须知

(1)游戏目的:发展灵敏、协调素质,提高跳跃能力。

(2)游戏准备:跳绳若干,画两条相距15米的平行线。

(3)游戏规则:第一,必须用双脚跳绳;第二,必须在线后交接跳绳;第三,跳绳失误后,要退回一步再继续跳。

(二)双人跳绳接力

1.游戏方法

将游戏者分为人数相等的两队,每队再分成两组站在预备线后,面向本队的标志物。同组并排的两人为一对,信号发出后,各队的第一对队员分别用外侧手持住长绳的一端,向前一边跑一边跳绳,等到他们绕过标志物返回起跑线后,第二对再出发,此时,第一对队员要站在队尾,以此类推。最后一对先返回起点的队伍为胜者。

2.游戏须知

(1)游戏目的:发展灵敏协调性,提高跑跳能力,培养合作意识。

(2)游戏准备：在地上画两条相距 2 米的平行线，一条为起跑线，另一条为预备线。在距离起跑线大约 20 米的地方并排摆放两个标志物，且两个标志物之间要保持 4 米的距离。

(3)游戏规则：第一，后一对要在前一对重新回到起跑线后再出发；第二，跳绳过程中，一对的两人应同时摇绳、同时跳过。

(三)二人跳绳赛

1.游戏方法

将游戏者分为人数均等的两队，每队内部再将两人分为一组。游戏开始后，各队的第一组先派出一人进行原地跳绳，等到"开始"口令发出后，另一人从绳外进入绳内，开始进行双人跳。看哪一组连续跳绳的次数多，便给该队加 1 分，然后换第二组开始比赛。以此类推，最终积分多的队伍为胜者。

2.游戏须知

(1)游戏目的：提高跳跃能力，锻炼灵敏性与协调性，培养团结协作的精神。

(2)游戏准备：跳绳若干。

(3)游戏规则：第一，各组必须按照规定的要求跳绳，如单脚跳、双脚跳等；第二，一旦出现明显停顿(即未连续跳动)，该组比赛即判结束；第三，第二人在进入绳内时如果被绊住，比赛即判失败，不得重新跳。

(四)跳绳转圈

1.游戏方法

将游戏者分为两支人数均等的队伍，每支队伍在起点站成一条线。当信号发出后，每队排头开始沿着起点线与中线连接起来的长绳，进行 8 次并腿左右跳跃过绳前进动作，抵达中线后，再拿起普通短跳绳进行跑跳绳运动，直到到达终点。到达终点后，游戏者还要一手握绳柄做 5 次脚下绕环跳动作，然后再持绳向起点跑回，中途要将短跳绳放回中线处。直到游戏者跑回起点并与第二人击掌后，其任务才算完成，此时方可到队尾休息。

2.游戏须知

(1)游戏目的：发展灵敏协调素质，提高跳跃能力。

(2)游戏准备:画两条相距20米的平行线作为起点线和终点线;在距离起点线10米的位置再画一条平行于起点线的中线;用两根长绳将起点线与中线连接起来,长绳的高度保持在0.5米左右,且两根长绳相距5米;在长绳与中线的交点处各放1根普通短跳绳。

(3)游戏规则:第一,第一人与第二人击掌后,第二人才能出发;第二,跳绳跑时必须边跑边跳;第三,脚下绕环跳的次数不得减少。

三、拔河游戏

拔河是一项流传于我国古代的民间传统体育活动,其性质最初更倾向于军事训练,后来才逐渐演变为体育娱乐活动。拔河活动不易受时间、场地、天气、器械等因素的影响,因而便于开展。下面将简单介绍几种以拔河为主要内容的娱乐游戏。

(一)两人拔河

1.游戏方法

将游戏者分为两人一组,每组发一根短绳。两人各持短绳的一端,面对面站在中线的两侧。游戏开始后,持绳双方各自发力朝自己的身后拉,先将对方拉过自己身后限制线的人为胜者。

2.游戏须知

(1)游戏目的:发展力量素质,培养顽强的意志品质。

(2)游戏准备:在地上画三条相距1米的平行线,中间的一条为中线,两边的一条为限制线;短绳若干条。

(3)游戏规则:第一,拔河过程中不得松手;第二,如果在规定时间内未分出胜负,将判为平局。

(二)拉人进圈

1.游戏方法

在平坦的地面上画一个圆,游戏者站在圆外另围成一个圈,且每名游戏者都要与画的圆保持1米以上的距离。游戏开始后,每个人都要设法将其他人拉进画的圆中,进圆者得1分。在该游戏中,得分越多者名次反而越靠后。

2.游戏须知

(1)游戏目的:锻炼力量。

(2)游戏准备:在地上画的圆的直径要比游戏者手拉手围成的圆的直径小2米左右。

(3)游戏规则:在游戏过程中,相邻两人的手要一直拉着,不可松开。

第二节　水中游戏

所谓水中游戏,顾名思义指的是只适合在水中开展的游戏活动。出于安全考虑,水中游戏一般都在游泳池中进行,而不会选择溪流、河流等环境。下面简单介绍几种易于组织的水中游戏。

一、水中竞走

(一)游戏方法

准备一块水深60厘米至1米的游泳场地,用浮标标出起点线与终点线。游戏者在水中的起点线处排成一排,待听到口令后,游戏者双手上举,快速抬腿走向终点。先到达终点线者为胜。

(二)游戏须知

(1)游戏目的:熟悉水性,感受水的阻力。

(2)游戏规则:第一,双脚不能同时离开池底;第二,双手必须上举,不得利用双手划水前进;第三,不得以任何游泳的方式前进。

二、摸石子

(一)游戏方法

游戏者人数不限,共同围成一个圆圈,原地踩水,并将若干石子放在圈内，等待石子全部沉入水底后，游戏开始。游戏者需要潜入水中寻找石子，在规定时间内摸到石子数量最多者为胜。

（二）游戏须知

（1）游戏目的：增强呼吸肌的力量，提高水中憋气的能力。

（2）游戏准备：游戏场地一块，边长 2 厘米左右的方形石子或直径 2 厘米左右的圆形石子若干个。

（3）游戏规则：第一，运动者要在听到指令后再潜入水中；第二，必须使用头朝下的潜水方法。

三、持物过河

（一）游戏方法

游戏者站成一排，踩水浮在起点线前，左右两人相隔一只手臂的距离。每人单手持一件自己的衣服，将衣服举过肩部。听到出发信号后，游戏者以双脚踩水、单臂划水的方式游向终点线，按照到达的先后顺序计算名次。

（二）游戏须知

（1）游戏目的：提高踩水能力。

（2）游戏准备：在泳池内用浮标标识出两条相距 20～25 米的平行线，作为起点线与终点线。

（3）游戏规则：持衣服的那只手必须始终举出水面，且不能沾水，所持衣服一旦被水浸湿，便会被视作犯规。

第三节　趣味游戏

本节主要介绍几种对场地器材要求不高、易于组织开展、规则也比较容易理解的趣味性游戏。

一、袋鼠跳

（一）游戏方法

将游戏者分为人数均等的两队，两队之间保持一定的距离，成纵队共同站在起点线后。游戏开始后，每队第一人迅速跳进麻袋，双手提着麻袋口，双脚跳跃前进，过了折返线后钻出麻袋，提着麻袋跑回起点，并将麻袋交给本队第二人。以此类推，直到最后一个人跑回起点线，算作比赛结束。最后一人先返回起点的队伍为胜者。

（二）游戏须知

(1)游戏准备：两个麻袋；在平坦的空地上画两条相距 10 米的平行线，一条作为起点线，另一条作为折返线。

(2)游戏规则：第一，信号发出后，游戏者才可跳进麻袋；第二，游戏者在过了折返线之后，才能钻出麻袋；第三，交接麻袋的行为必须在起点线后进行，不得抛传麻袋；第四，两队之间不可互相干扰。

二、赶鸭子

（一）游戏方法

在平坦的场地上画一个圆，圆的半径视人数而定。选一名游戏者作为“赶鸭人”，其余游戏者均为“鸭子”。游戏开始后，“赶鸭人”手持长竹竿，竹竿的一头触地并伸进圈内，在地上来回拖动。“鸭子”在圈内既可以跑动躲闪，也可以从竹竿上跳过去，总之不可被竹竿触及，否则将被判为失误，要与“赶鸭人”互换身份。

（二）游戏须知

(1)游戏准备：长竹竿一根。

(2)游戏规则：第一，“赶鸭人”所持竹竿的竿头必须保持与地面接触，否则即使碰到人也将算作无效；第二，“鸭子”在躲闪过程中如果不慎出圈，即判为失误，其应与“赶鸭人”互换身份。

三、穿纸裙赛跑

(一)游戏方法

将报纸摊开围在腰间,用胶带粘住边沿上、中、下三个位置,制成纸裙。听到口令后,游戏者从起点起跑,先到终点者为胜。需要注意的是,报纸一旦发生破损即视为犯规,这就要求游戏者在保证速度的同时,又要控制步幅。

(二)游戏须知

(1)游戏准备:报纸、胶带。

(2)游戏规则:注意保持报纸的完整性,不得出现任何破损。

四、螃蟹赛跑

(一)游戏方法

将游戏者分为两队,每队内部又以两人为一组,成纵队站在起跑线后。当“预备”信号发出后,各队第一组的两人以背靠背的姿势,用背部夹抵住皮球,同时侧下蹲于起点线后。听到“开始”信号后,两人要像螃蟹一样横着向终点线跑去,到达终点线后,再转向重新横行返回起点线,再将球交给第二组后,方可站到队尾。先完成任务的队伍获胜。

(二)游戏须知

(1)游戏准备:在平坦的地面上画两条相距 20 米的平行线,作为起点线与终点线,同时再准备 2 个皮球。

(2)游戏规则:第一,在整个跑动过程中,身体都要保持半蹲横行的姿势,不得直立;第二,球在途中如果落地,游戏者必须先在落地处将球重新夹好,才能继续前进;第三,不准抱球跑。

五、巧过“鬼谷”

（一）游戏方法

指定两人为“鬼谷谷主”，这两人面对彼此而坐，同时蒙住双眼。两人保持同时双臂前伸、指尖不会相碰的距离，而后将手放在腿上呈端坐姿势，其余的人则要悄悄经过两人之间的“鬼谷”，由“鬼谷谷主”凭感觉伸手抓人，被抓到者需要与“鬼谷谷主”进行身份互换。

（二）游戏须知

（1）游戏准备：两条用来蒙眼的不透光厚布。
（2）游戏规则：只要还没抓到人，“鬼谷谷主”就不能将蒙眼布摘下。

六、打手背

（一）游戏方法

两人面向彼此站立或端坐，甲掌心朝下，放在乙的掌心上，乙翻掌击打甲的手背。如果乙在翻掌后未能打到甲的手背，则判乙输，双方交换身份；只要乙触碰到了甲手背的任意位置，就可判乙胜，同时游戏继续。

（二）游戏须知

在进行打手背游戏时，游戏者需要注意以下几点：第一，掌心朝上者，无论做任何动作，只要未翻手掌，便可继续做进攻者；第二，掌心朝下者，可选择任意时机放开手掌；第三，击打力度不宜过大。

七、斗鸡

（一）游戏方法

将游戏者分为两人一组，要求其站在提前画好的圆圈中。两人单腿站立，另一条腿屈起，用手握住屈起腿的脚腕。游戏开始后，两人在圆圈内用屈起的膝盖相互撞击，先将对方撞出圈外或导致对方屈起腿落地的人为胜者。

（二）游戏须知

(1)游戏目的：锻炼力量与灵敏性。

(2)游戏准备：在平坦的地面上画一个直径 3 米左右的圆圈。

(3)游戏规则：第一，双方只能用膝盖相互撞击，而不得用手、肩等部位去推、拽、拉、顶对方；第二，在游戏过程中不能换腿、不得出圈。

第七章　休闲体育的心智类项目指导

在人类漫长的历史进程中，心智类休闲运动受到了人们的广泛欢迎，其展现了人类作为万物之灵的智慧所在。本章以休闲体育的心智类项目指导为论述对象，对象棋（包括中国象棋和国际象棋）、围棋、桥牌、麻将、电子竞技等休闲体育的心智类项目进行具体介绍。

第一节　象棋与围棋

本节主要介绍了中国象棋、国际象棋、围棋这三项休闲体育心智类游戏，以期人们对这三类游戏的起源与发展、基本规则等有所了解。

一、中国象棋

（一）中国象棋简介

中国象棋在我国心智类游戏中具有重要地位，是人们日常休闲娱乐的重要方式之一，其有着十分广泛的群众基础。

中国象棋由棋盘和棋子两部分构成，下面分别对这两部分进行简单介绍。

1.棋盘

中国象棋棋盘的形状是长方形，由10条横线、9条纵线交叉组成（见图7-1），这些横线与纵线的交叉点有90个，用于摆放棋子，而线条交叉形成的空格为正方形。一般来说，中国象棋棋盘的底色为白色或浅色，线条的颜色为红色或深色。棋盘两端有“米”字方格，叫作“九宫”，这是将帅活动的区域，在第五条横线与第六条横线之间没有纵线，其内标注“楚河”“汉界”，这个区域将棋盘划分成两个完全相等的部分，人们称之为“河界”。

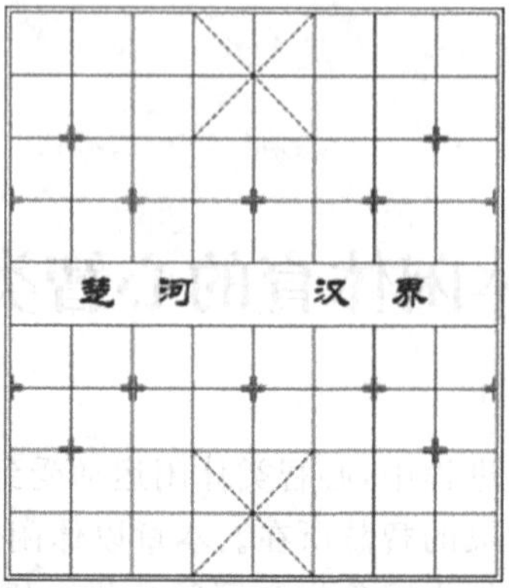

图 7-1 中国象棋的棋盘

2.棋子

中国象棋的棋子分为红、黑两组，对弈双方各执一组，每组有 16 枚棋子，两组共 32 枚棋子，分为 7 类兵种。具体来说，黑方棋子分别为：将(1 枚)、士(2 枚)、象(2 枚)、马(2 枚)、车(2 枚)、炮(2 枚)、卒(5 枚)；红方棋子分别为：帅(1 枚)、仕(2 枚)、相(2 枚)、马(2 枚)、车(2 枚)、炮(2 枚)、兵(5 枚)。

图 7-2 为中国象棋黑方、红方棋子及其位置摆放图示(棋局刚开始时)。其中，将与帅、士与仕、象与相、卒与兵只是为了对黑方与红方的棋子进行区分，它们的摆法、走法是一样的。

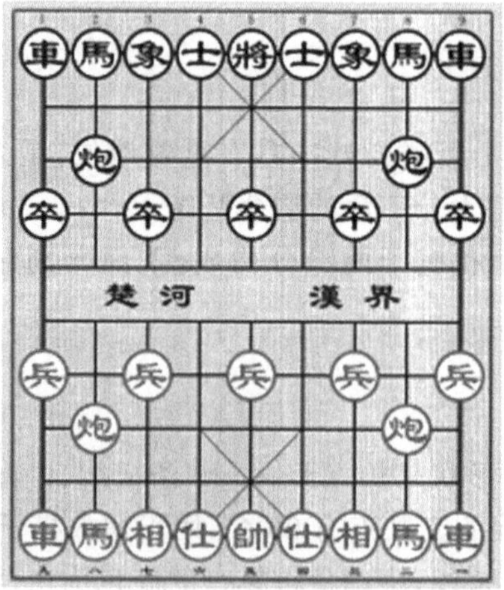

图 7-2 中国象棋的棋子及其位置摆放

在所有的棋子中，将(帅)的地位最重要，其直接决定了比赛的输赢；车、马、炮的威胁性比较大，它们是七个兵种中的“强子”；士(仕)、象(相)的威胁性相对较小，它们一般被称作“弱子”；卒（兵）在未过“河界”时威胁性很小，但过了“河界”以后，其价值会明显提升。

（二）中国象棋的起源与发展

象棋在我国有着十分悠久的历史，是我国古老的棋戏之一。“马走日”“象走田”“炮翻山”等象棋术语在我国基本是人尽皆知的。

目前，关于象棋最早出现的时间在象棋研究领域还存在争议。有研究者认为，象棋的原始形态应该是东周时期的“六博”（六博为我国最古老的棋戏之一，人们称之为“博”，其次为围棋，人们称之为“弈”，两者并称为“博弈”）。《楚辞》中有提到“蔽象棋，有六博兮”，“六博”一共有12枚棋子，6白6黑，吃掉对方棋子即为胜方。而在《说苑》中也有孟尝君“燕则斗象棋而舞郑女”的描述，它表明在当时的社会“六博”十分盛行。

不过，据学者张如安先生的考证，他认为现在的象棋与古代的六博在形制上存在较大差别，将六博视作象棋的原始形态是不合适的，他认为现行象棋的雏形应该源自唐朝。据考古发现，唐朝象棋的棋盘为8×8黑白相间的棋盘，其与目前国际象棋的棋盘相似，且棋子已经有了将、象、车、兵等。唐代诗人白居易曾在诗中写道：“鼓应投壶马，兵冲象戏车。”

到了宋代，象棋十分流行。经过多年的变革与发展，在北宋宋徽宗时期，象棋基本定型。资料表明，北宋时期通行的象棋已经有了七个兵种，且有河界、九官，棋子一共有34枚（双方各17枚）。到了宋徽宗时期，象棋形制与北宋通行象棋稍有改变，棋盘为横线十、纵线九，棋子删去两个卒，加入了炮，原来的偏、稗合并为士。

在元明清时期，象棋不断在民间流行，人们下棋的技术水平不仅有了较大提升，还出现了有关象棋的总结性理论专著，如明代朱晋帧所著的《橘中秘》、清代徐芝所著的《适情雅超》和王再起的《梅花谱》等。

中华人民共和国成立以后，象棋进入一个新的发展时期，其不只是一项群众性的娱乐活动，还成为一个体育比赛项目。1956年，象棋成为我国国家体育项目，之后我国基本每年都会举办全国性的象棋比赛；1962年，我国成立了中国象棋协会，各地也相应地设立了下属的协会机构。目前，国家体育总局的下属组织——棋牌运动管理中心，专门负责象棋等运动的比赛组织、交流推广等工作，象棋已经成为我国普及程度最高的棋类活动之一。

目前，国内外举办的重要的象棋比赛主要有世界象棋锦标赛、全国象棋锦标赛、杨官璘杯全国象棋公开赛等。

(三)中国象棋的基本规则

下面简单介绍中国象棋在行棋、进攻与防守时的基本规则。

1.行棋规则

中国象棋的行棋规则(即棋子的走法)相对来说比较简单,但在下每一步棋时都要经过深思熟虑,否则,一着不慎就会满盘皆输。在对局时,执红色棋子一方先下第一步,之后执黑色棋子一方再下,双方轮流进行,直到其中一方的将(帅)无处可走,则比赛结束。在中国象棋中,一方将位于某个交叉点上的棋子移动到另一个空的交叉点上,或吃掉对方的棋子而占领该棋子所在的交叉点,称作"走了一招棋",而双方各走一招棋称作"一个回合"。

下面将对中国象棋每颗棋子的走法进行介绍,具体如表 7-1 所示。

表 7-1 中国象棋棋子的走法

棋子	走法
将(帅)	只能在"九宫"内横行、前进、后退移动,每一着走一格,只能走直线
士(仕)	只能在"九宫"内前进、后退移动,每一着走一格,只能走斜线
象(相)	不能越过"河界",只能在己方区域内移动,可以前进、后退,每一着必须沿对角线斜着走两格,即所谓的"象走田";若对方或己方棋子位于"田"字中心位置时,即所谓的"塞象眼",此时该棋子不能走动
马	移动范围不受"河界"限制,可在整个棋盘上前进、后退,其需要沿"日"字形对角线斜着走,即所谓的"马走日";若在棋子与"日"字同侧直线上有对方或己方的棋子,即所谓的"蹩马腿",此时该棋子不能走动
车	移动范围不受"河界"限制,可在整个棋盘上横行、前进、后退,每一着所走格数没有限制,只能沿横线或纵线直行,在移动过程中不能跳过其他任何一颗棋子
炮	移动范围不受"河界"限制,可在整个棋盘上横行、前进、后退,在不吃子的时候其走法与车相同,吃子时炮与被吃棋子之间需要有一颗棋子,即所谓的"炮翻山"
兵(卒)	在越过"河界"之前只能前进,每一着走一格,当越过"河界"后除了前进,还可以横行,每一着走一格。需要注意的是,兵(卒)自始至终不能后退

2.进攻与防守规则

象棋比赛以将(帅)的存亡为胜负的标志,进攻方主要通过不断吃对方的棋子来突破对方的防守,最终实现"将军",而防守方则主要通过调整棋子的位置来保护将(帅)的安全。下面将对象棋中常用的进攻、防守术语进行介绍(见表7-2)。

表7-2 中国象棋中常用的进攻、防守术语

术语	适用情景
将军	简称"将",指移动棋子直接攻击对方将(帅)
解将	也叫"应将",指移动棋子来化解对方的"将军"。通常"解将"的方法有三种:①吃掉对方"将军"的棋子;②移动其他棋子到某个位置,以截断对方的攻击;③移动将(帅)到对方棋子的攻击范围以外
杀	连续"将军",或者是下一着"将军"。若连续三次"将军",同时第一着不吃子,称作"长杀"
捉	移动棋子以吃掉对方棋子、联合其他棋子吃掉对方棋子等,得子后不会马上杀死对方将(帅)。若连续三次对某颗或几颗棋子进行追捉,则称作"长追"
兑	双方各吃对方一子,却不会马上将对方将死。若连兑次数达到三次,则称作"长兑"。当己方处于劣势时,可以通过兑子的方式来解围
献	主动送子给对方吃掉,但不会马上被对方将死。连续献子三次则称作"长献"
拦	移动棋子以阻拦对方的进攻,没有攻击性
跟	通过移动棋子来牵制对方的棋子,没有攻击性
自杀	移动棋子后,使得双方将(帅)相对、无"应将"、送将(帅)给对方吃等
自毙	己方做出"将军",对方却用将(帅)之外的棋子"应将",此着不是"将""杀""捉",但却使得己方将(帅)被杀
困毙	没有能够移动的棋子
和	对战双方都不能取胜

二、国际象棋

(一)国际象棋简介

国际象棋被称作“人类智慧的体操”,是将艺术、知识、科学、灵感融为一体后所形成的一种心智类竞技游戏。国际象棋与中国的象棋、围棋和日本的将棋并称为“世界四大棋类”。

国际象棋同样由棋盘和棋子两部分构成,下面将分别对这两个部分进行简单介绍。

1.棋盘

国际象棋棋盘的形状是正方形,由 64 个黑(或深色)白(或浅色)相间的小方格交替排列构成(见图 7-3)。在这些方格中,白色(或浅色)的格子称作“白格”,黑色(或深色)的格子称作“黑格”,对局时棋盘的摆放右下角必须是白格,棋子则在这些格子中移动。

图 7-3 国际象棋的棋盘

为便于记录和研究国际象棋的对局,人们通常将从上到下垂直排列的 8 个小方格构成的“直线”分别用英文小写字母 a、b、c、d、e、f、g、h 标注,而由从左到右水平排列的 8 个小方格构成的“横排”则用阿拉伯数字 1、2、3、4、5、6、7、8 标注,这样每个小方格就都能用“字母+数字”的形式表示出来,名称即可固定下来,如棋盘左下角的方格表示为 a1。具体如图 7-4 所示。

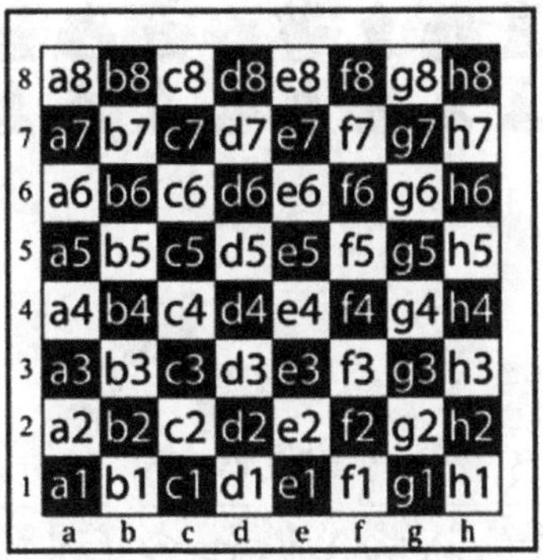

图 7-4　用字母与数字标注的国际象棋棋盘

2.棋子

国际象棋的棋子一共有 32 枚,分为黑白两组,每组各 16 枚,共有 6 个兵种,分别为:1 个王(K,King)、1 个后(Q,Queen)、2 个车(R,Rook,意为“战车”)、2 个象(B,Bishop,意为“主教”)、2 个马(N,Knight)、8 个兵(P,Pawn)。在国际象棋中,王与车的攻击力比较强,称作“强子”,而象与马的攻击力相对较弱,称作“轻子”。

目前,在国际象棋比赛中所用的棋子最早是由英国人制造的,一般是用木料或塑料制成的立体型棋子(见图 7-5)。

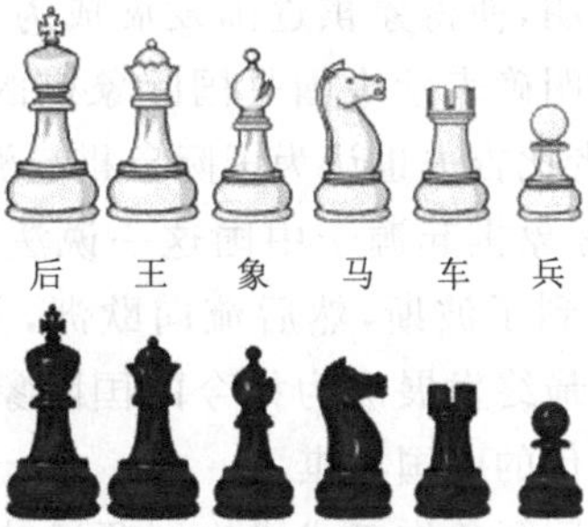

图 7-5　国际象棋棋子

国际象棋在棋局刚开始时,白后必须要放在白格,黑后必须放在黑格,白王位置固定为 e1 格,而黑王位置固定在 e8 格,白黑双方王翼与后翼的方向要相反。棋子的具体摆放位置如图 7-6 所示。

图 7-6　国际象棋棋子的摆放位置

(二)国际象棋的起源与发展

目前,关于国际象棋的起源尚未形成统一的定论,比较有代表性的说法有两种:一种是印度起源说,这种说法最早是由英国人威廉·琼斯提出的,他于 1790 年在《亚洲研究》上发表了《印度象棋》一文,而他的说法得到了西方许多学者的支持,1984 年版的《大英百科全书》也倾向于国际象棋起源于印度这一说法;另一种是中国起源说,20 世纪 60 年代,英国学者李约瑟在其著作《中国科学文化史》中对中国古代的六博与天文、数学、象术的关系进行了详细分析,他认为中国阴阳理论的盛行推动了象棋雏形的产生,而带有天文性质的占卜术的发明,使得象棋逐渐发展成为一种具有军事含义的游戏。李约瑟在其著作中明确表示中国是国际象棋的起源地,后来苏联学者切列夫考、南斯拉夫学者比吉夫也认为国际象棋起源于中国。

现在,许多支持国际象棋起源于中国这一说法的学者认为,唐代 8×8 盘象棋通过丝绸之路传到了波斯,然后流向欧洲,并与欧洲当地的社会制度、风俗文化等相结合,最终发展成为如今的国际象棋。而我国 8×8 盘象棋则在宋代时演变为现代的中国象棋。

到了 19 世纪中期,国际象棋正式成为一项运动比赛项目。1851 年,英国伦敦举办了第一次国际象棋比赛;1921 年,国际象棋被列入奥运会正式比赛项目,这一年还成立了国际象棋联合会,该协会现在已经有大约 150 个国家或地区加入,是国际象棋比赛的主要组织机构。目前,世界上主要的国际象棋比赛包括国际象棋奥林匹克赛、世界国际象棋团体锦标赛、大学生世界团体赛等。

我国国际象棋的发展历程如图 7-7 所示。

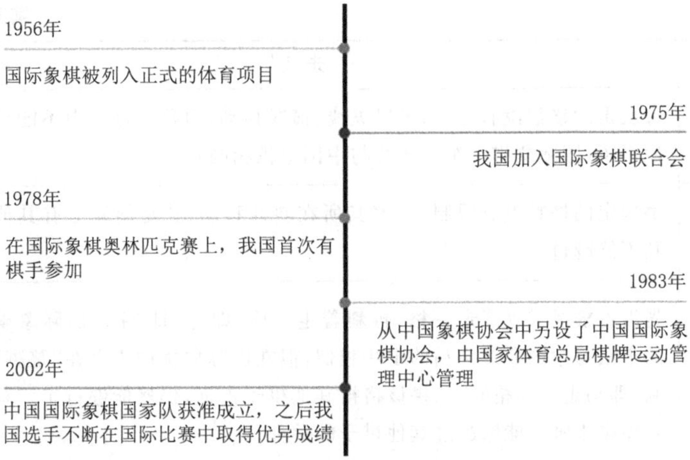

图 7-7 我国国际象棋的发展历程

（三）国际象棋的基本规则

下面将简单介绍国际象棋的行棋规则、进攻与防守规则。

1.行棋规则

国际象棋比赛中，既可按照比赛规则排定，也可抽签决定由哪一方执白棋。对局开始后，执白棋一方先走第一步，之后由执黑棋一方走下一步，直至比赛分出胜负。

棋手将一枚棋子从一格移到己方棋子没被占据的另一格，不管这一格是否已经被对方棋子占据，都算走了一着，双方各走一着即为一个回合。以下几种情况都属于走了一着：①移动棋子从一个格子到另一个空格；②移动棋子吃掉对方的一个棋子（将对方棋子从棋盘上拿下来，放上自己的棋子）；③将对方的“过路兵”吃掉，放上自己的兵；④王车易位，在新的位置上放上王与车。

下面将对国际象棋中每颗棋子的走法进行介绍，具体如表 7-3 所示。

表 7-3 国际象棋棋子的走法

棋子	走法
王	每次走一格，可以纵线、横线、斜线移动，简单来说就是该棋子能够走到任何一个与其相邻的格子
后	每次走的格数没有限制，可以纵线、横线、斜线移动，但移动过程中不能越过其他棋子

续表

棋子	走法
车	每次走的格数没有限制，可以纵线、横线移动，但移动过程中不能越过其他棋子(国际象棋中车的走法与中国象棋相同)
象	每次走的格数没有限制，沿着其所在斜线移动，若是斜线上有其他棋子则不能越过
马	先沿着横线或纵线走一格，再斜着走一格，即走“日”字。国际象棋中马的走法与中国象棋中马的走法相似，但在国际象棋中不存在“蹩脚”的限制，即马走第一格时，如果该格被其他棋子占据，仍然能够行走。马是国际象棋中唯一能够越过其他棋子的兵种
兵	每次走一格，只能沿着直线向前走，不可以后退。不过，如果兵在初始位置上首次移动时，可以向前走两格

2.进攻与防守规则

国际象棋比赛以一方的王被吃掉或捉住为胜负的标志，因此，对战双方要通过合理移动棋子来保护己方的王，并攻击对方的王。下面将对国际象棋中常用的进攻、防守术语进行介绍(见表 7-4)。

表 7-4　国际象棋中常用的进攻、防守术语

术语	适用情景
吃子	王、后、象、马、车中的任何一只棋子，如果其到达的格子内有对方的棋子，都可以将其吃掉，即从棋盘上拿走并放上己方的棋子。需要注意的是，兵的吃子和走法不同，兵在吃子的时候要走斜线，即吃其斜前方格子中的棋子，这也被叫作“直进斜吃”
吃过路兵	若一方的兵从初始位置向前走了两格，此时与其所在格同一条横线上相邻的格子中如果有对方的兵，那么对方的兵就可以吃掉这个兵，同时向其原来位置的斜前方移动一格
将军	任何一只棋子攻击对方的王，且下一着就能够吃掉王。如果两个棋子同时“将军”则为“双将”，是最强的攻击

续表

术语	适用情景
应将	采取各种手段来化解对方的"将军"，也称"解将"。"应将"的方法主要有以下几种：①吃掉对方"将军"的棋子；②移动王至对方攻击的范围以外；③移动棋子到王与对方"将军"棋子之间，以阻止对方的攻击，即所谓的"垫将"，不过对方"将军"的棋子为马或兵时不可以"垫将"
升变	任何一个兵移动到最后一横排(对于执黑棋一方是第一横排，对于执白棋一方是第八横排)时，就可以用己方除王以外的其他任何一个兵种来代替这个兵，此时这个兵种具备新棋子的性能，即为"升变"。升变为哪种兵种是由己方自己决定的，一般来说，这种情况下通常会选择升变为最强的后，不过在某些特殊情况下也可能会升变为象、马、车
杀	如果对方被"将军"以后不能"应将"，王被杀
王车易位	王从初始位置朝位于同一横线上车的方向移动两格，之后车越过王，放在王之前经过的格子内，即为"王车易位"。不过，每局中"王车易位"双方都只有一次机会，且必须先移动王，再移动车。若是王与王翼的车易位，则称"短距离易位"，此时应尽快将王移至安全地带；若是王与后翼的车易位，则称"长距离易位"，此时可以迅速调出车朝对方发动进攻。需要注意的是，"王车易位"有条件限制，若王与进行易位的车在对局开始后就已经移动过，那么本局就不可以再次进行易位。 以下几种情况暂时不能进行"王车易位"：①王与车不能处于同一横排；②王正在被对方"将军"；③王与车之间还存在其他棋子；④王经过或要到达的位置遭到对方的攻击

三、围棋

(一)围棋简介

围棋是历史悠久也是变幻莫测的棋戏之一，其起源于中国，历经千年而长盛不衰，现在已经逐步发展成为一项国际性的休闲活动。明代学者谢肇淛曾言："古今之戏，流传最久远者，莫如围棋。"人们常提起的四大高雅艺术"琴棋书画"中的"棋"，就是围棋。

围棋由棋盘和棋子两部分构成，下面分别对这两部分进行简单的介绍。

1.棋盘

如图 7-8 所示，围棋棋盘的形状为方形，由纵横各 19 条长度相同、垂直交叉的线条构成，这些交叉的点共有 361(19×19)个，用于放置棋子。一般来说，每个格子的纵向(通常为 2.4cm)略长于横向(通常为 2.3cm)。在棋盘面上标有九个黑点，称作“星”，其中棋盘正中央的星叫作“天元”，其余八个则叫作“边星”，星的作用主要是方便确定棋盘上交叉点的位置。另外，人们一般将围棋棋盘分为边、角、中腹三个部分。

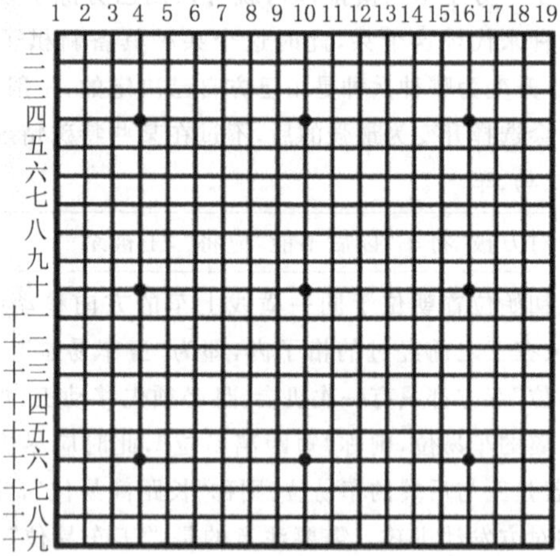

图 7-8　围棋的棋盘

2.棋子

如图 7-9 所示，围棋的棋子是扁圆形的，分为黑白两色，对弈双方各执一色棋子。由于考虑着子先后(执黑棋者先着子)，通常黑色棋子共 181 枚，而白色棋子共 180 枚。棋子的材质很多，珍贵的有玉、玛瑙等，普通的为塑料。

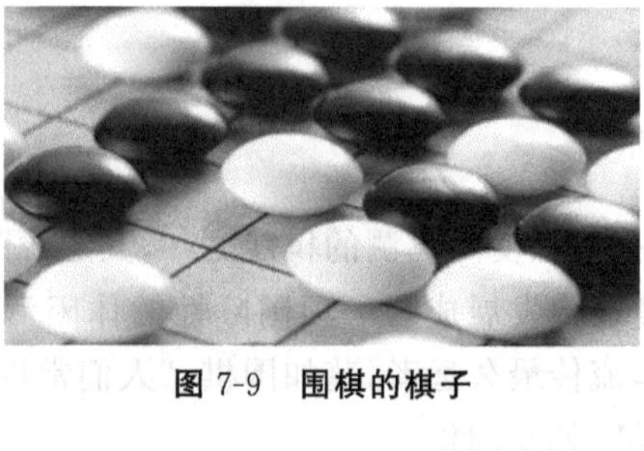

图 7-9　围棋的棋子

（二）围棋的起源与发展

有研究者认为，围棋是对远古军事生活的反映，其应该起源于远古时代，是对当时军事行动的排演，然后才逐渐抽象为一种游戏。还有研究者认为，围棋中只有黑白棋子之分，却无等级之分，这个特点与原始社会的民主精神相似，因此围棋也可能起源于原始社会末期（尧舜时期）。但也有学者认为，尧舜时期社会生产力水平很低，创造出围棋这种具有高度智慧的游戏是令人难以置信的。另外，由于围棋与周易存在紧密的联系，因此，有学者认为围棋的产生应该晚于殷商时期。

由于历史久远，目前我们难以准确判断围棋的起源，但可以确定的是，围棋的产生经历了漫长且复杂的过程，早在春秋战国时期，它就已经成为了一项十分普遍的社会娱乐活动。特别是在战国时期出现了一批沉迷于围棋的人，他们对下棋的偏好达到了废寝忘食的地步，不过这些棋迷的行为也被世俗所批判，认为这是“不孝”的行为。

西汉初期，围棋继续在社会上流行，不过人们通常将其作为一种消磨时间的游戏，当时的文人士大夫认为，用于娱乐赌博的围棋与儒家思想是相悖的，因此对其持抵制的态度。在这一时期，围棋略呈衰微之势。

到了东汉中后期，很多士大夫开始被围棋的魅力所感染，他们认为弈棋对身心健康是有益的，围棋由此开始逐渐活跃起来，当时还出现了班固所著的《弈旨》，这是我国现存最早的一篇关于围棋理论的文章，在围棋史上起着奠基性作用。还有马融所著的《围棋赋》，从兵法的角度系统地论述了围棋的义旨，其对围棋的理解与总结比班固更为透彻。魏晋南北朝时期的围棋延续了东汉时期围棋的发展趋势，进入黄金时代。

从围棋棋盘的形制上来看，据考古发现，西汉较为通用的棋盘样式为15×15＝225点，东汉时则出现了17×17＝289点。魏晋前后，围棋棋盘的样式又发生了较大变化，出现了与现代完全相同的19×19＝361点棋盘样式。在甘肃莫高窟石室内发现的北周时期的《棋经》，对早期的棋艺理论进行了系统的阐释，书中还有“三百六十一道，仿周天之度数”的记载。

唐宋时期，围棋有了长足发展，对弈的风气遍及全国，弈棋与写诗、绘画、弹琴一同成为文人的风雅之事，同时它也成为男女老少都喜爱的休闲娱乐方式。新疆吐鲁番唐墓出土的《仕女弈棋图》就形象地描绘了唐朝时贵族妇女在弈棋时的形象。此外，这一时期围棋开始传入日本、朝鲜诸国。在《新唐书》中还记载了我国围棋高手杨季鹰和朝鲜人弈棋的内容，这被认为是最早明文记载的国际围棋比赛。

到了明清时期，围棋继续快速发展，这一时期出现了许多的围棋流派，如京师派、新安派、永嘉派等,围棋高手频出,他们频繁地进行比赛交流活动,当时的围棋水平有了很大提升。同时,这一时期还出现了许多围棋理论著作,如《弈史》《弈问》《适情录》《三才图会棋谱》等,它们从理论层面推动了围棋的进一步发展。

中华人民共和国成立以来,围棋活动在我国得到了进一步发展,其影响力也明显提升。1962 年,中国围棋协会在我国正式成立,陈毅是第一任名誉主席。1982 年,我国开始实行围棋段位制。这些年来,我国围棋棋艺水平在社会各界的鼎力支持下有了极大的提升,先后出现了陈祖德、吴淞笙、聂卫平、马晓春、常昊等多位优秀围棋选手。

(三)围棋的基本规则

与象棋不同,围棋没有兵种之分,但围棋的对弈对人的思维能力提出了较高的要求。下面将对围棋的基本规则进行简单的介绍。

1.围棋的下法及常用术语

对弈双方分别执黑棋和白棋,由执黑棋者先着子,每次只能着一子,之后由执白棋者着子,双方交替进行,直至一局结束。在正式比赛时,通常以猜先或抽签的方式决定对局的先后手。具体来说,猜先指的是由高段位选手(段位相同则由年长者)手握若干白子,低段位选手出示两颗黑子,如果高段位选手所握白子的数目是偶数,则己方执黑棋,反之执白棋;如果低段位选手出示一颗黑子,且高段位选手所握白子的数目是奇数,则己方执黑棋,反之执白棋。

在围棋对弈的过程中,一方可以放弃着子,另一方可以继续着子。若一方认为着子对己方不利,但又没有放弃着子的权利,那么其可以将棋子放在棋盘边界线之外,即所谓的"虚着"。需要注意的是,棋子落子的位置必须在棋盘的点上,且落定之后不能移动。

2.胜负的判定

围棋比赛一局的胜负取决于双方棋子着子所占地的数量,多的一方获胜。根据我国现行的围棋规则,以棋盘点的一半又 1/2(即 180.5 点)为基数,一方总得点数大于这一基数(即活棋和活棋围住的点数大于这一基数)为胜,等于这一基数为和,小于这一基数则为负。

在计算点数时,以子为单位,一个点为一子。首先要将双方的死棋全部清理出去,然后计算一方的活棋和活棋围住的点,双方活棋之间的空点由双方平分。

另外，由于执黑棋者有先手的有利条件，在正式比赛时通常会按照贴子的方式来计算点数。贴子指的是在终局计算点数时，执黑棋方需要向白方贴若干子作为补偿。至于贴子的多少尚无定论，如我国围棋比赛就先后经历了黑贴 2 又 3/4 子到 3 又 3/4 子的变化，即如果采用黑贴 3 又 3/4 子的方法计算点数，黑棋若想取胜，总点数则要超过 183 又 1/4 字，否则就是负，如果最终黑棋为 185 子，那么最终结果就是黑胜 3/4 子，如果黑棋为 184 子，那么最终结果其实是白胜 1/4 子。

按照围棋计数规则，为了获取胜利，对弈双方要尽可能多地占据棋盘上更多的点，常用的方式有两种，一种是活棋本身占据更多的点，另一种是利用活棋围住更多的空点，具体来说可采取以下措施：①尽量多吃掉对方的子；②尽量保护己方的子不被对方吃掉；③尽量用己方的子多围住一些空点；④尽量组织对方围住较多的空点。

下面将对围棋中的一些常用术语进行介绍（见表 7-5）。

表 7-5　围棋中常用的术语

术语	适用情景
气	一颗棋子与其直线紧邻的空交叉点称作该棋子的“气”。在对方棋子紧邻的空交叉点上落子称作“紧气”，此时对方棋子的气就不存在了。若一颗棋子所有的气皆被对方占据，那么该棋子就处于无气状态
提子	棋盘上不能存在无气状态的棋子，这种棋子会被清理出棋盘，而这种操作称为“提子”，其通常表现为以下两种情况：①着棋后对方棋子无气；②着棋后双方棋子均处于无气状态。此时应该马上将对方无气之子提出棋盘外，以使己方获得优势
终局	对局中出现以下情况即为终局：①一方中途认输，其会将自己的两颗棋子放于右下角；②双方一致认为着子结束；③双方连续使用虚着
活棋/死棋	在终局时经双方确认，不能提掉的棋子均为活棋，而无法避免被提掉的棋子均为死棋。在计数时会把双方的死棋从棋盘中提出去
禁着点	一方着棋以后不能提取对方的棋子，却使己方的棋子处于无气状态，该着棋点称作“禁着点”。如果棋子落于禁着点处，则视为着棋无效，需要立刻将该棋子拿走，并弃权一次，然后由对方着子
尖	在己方原有棋子的斜上（或斜下）一路着子即为“尖”

续表

术语	适用情景
挡	己方棋子紧挨着对方棋子行棋，一方面是为了防备对方棋子朝己方空地入侵，另一方面也是为了防止对方棋子冲破己方棋子的包围
关	与已方原有的棋子间隔一路行棋
飞	主要包括以下几种走法：①在已方原有棋子的“日”字形对角交叉点处行棋，称作“小飞”；②在已方原有棋子的“目”字形对角交叉点处行棋，称作“大飞”；③在已方原有棋子的“田”字形对角交叉点处行棋，称作“象字飞”

（四）围棋选手评级

目前，国际上对围棋棋手技术等级的区分主要采用的是段位制。段位制又分为两种：一是专业段位，共分为九个等级，由低到高依次是初段、二段到九段；二是业余段位，分为级与段两个阶段，水平由低到高依次为 32 级、31 级、30 级……1 级、1 段、2 段到 7 段。通常来说，相邻两个段位的棋手之间的水平只相差一颗棋子。

我国从 1962 年起尝试实行段位制，1982 年正式开始实施，当时被定为围棋九段的棋手有陈祖德、吴淞笙、聂卫平三人，马晓春被定为七段，刘小光等六人被定为六段。迄今为止，中国围棋一共产生了 47 位九段棋手。

第二节　桥牌与麻将

本节主要对桥牌、麻将这两项休闲体育心智类游戏的基本信息、起源与发展和基本规则进行介绍，以期人们对桥牌和麻将有更多的了解。

一、桥牌

（一）桥牌简介

桥牌是一种以扑克牌为工具，由 4 人参加，两人一组进行的智力游戏。截至目前，在所有扑克牌游戏中，桥牌是世界上唯一具有统一比赛规则的扑克牌游戏,它已经成为世界性体育比赛项目。北美、西欧的不少国家都将桥牌纳入高中必修科目中,英国与法国也提议将桥牌纳入学校课程。

下面将分别对桥牌的牌手、牌具、牌墩和定约进行介绍。

1.牌手

一局桥牌游戏需要 4 名牌手,他们需要按照东、西、南、北四个方位就座,座位相对的两人为一方,双方进行对抗来获取胜利。

2.牌具

一副扑克牌有 54 张,桥牌使用的扑克牌是去掉大王与小王之后剩下的 52 张牌,因此参加桥牌游戏的牌手每人共有 13 张牌。桥牌的花色有 4 种,分别为黑桃(Spades)、红心(Hearts)、梅花(Clubs)、方块(Diamonds),通常用这四种花色的英文首字母代表该花色的牌。每一种花色的牌的大小顺序依次为:A(最大)、K、Q、J、10、9、8、7、6、5、4、3、2(最小)。图 7-10 即为桥牌(部分)。

图 7-10　桥牌

3.牌墩

以“牌墩”为计分基础是桥牌不同于其他扑克游戏的最主要特征。一个牌墩(即所谓的一“墩”)是指每一轮出牌后,四名牌手打出的四张牌。这一墩牌由牌点最大的一家及其同伴获得,并获得下轮的优先出牌权。一般来说,在一局或一副牌中,6 墩牌是基础墩数,只有超过这一基础墩数才算赢墩,如一方获得了 7 墩,算是赢得了 1 墩牌。

4.定约

桥牌游戏中攻守双方以叫牌的方式形成的约定或协约称作“定约”。定约双方中,确定定约的一方为定约方,同意约定的一方为防守方。定约包括叫牌者拟确定的将牌和承诺要赢的最低墩数。

桥牌的定约包括两种:一种是有将定约,即选择某一花色为将牌;另一种是无将定约，即没有选择将牌，四种花色均为副牌。

（二）桥牌的起源与发展

人们通常认为桥牌起源于17世纪中叶的英国，当时英国有一款名为“惠斯特”（Whist，意思是让大家安静）的纸牌游戏，该游戏由四名牌手参加，相对双方互相对抗，后来该游戏迅速在英国流行开来。

19世纪后期，“惠斯特”逐渐被“桥牌惠斯特”取代。“桥牌惠斯特”保留了“惠斯特”的基本特点，又做出了一些改进，如在游戏中，庄家的同伴可将自己的牌推开，并按照庄家的指令出牌，即所谓的“明牌”。

到了20世纪初，桥牌有了重大创新，“竞叫桥牌”出现（有人认为最早出现在英国，有人认为最早出现在印度），其已经基本具备现代桥牌的特点。

1925年，美国金融家、桥牌名手哈罗德·范德比尔特设计并命名了“定约桥牌”。定约桥牌吸收了法国流行的“登高”牌戏的特点（完成越高的定约，所得奖励越高，牌手要尽量将定约定到合理的高度），并在竞叫桥牌的基础上增加了“局况”等概念。定约桥牌的产生是桥牌历史上的一个重要里程碑，其基本确定了现代桥牌的玩法、结构，在之后的90多年里，桥牌游戏中只有计分方式有一些小的改动。

定约桥牌出现以后便在美国广泛推行开来。1928年，美国举办了首届全国定约桥牌锦标赛，该比赛就是十分著名的范德比尔特杯赛，其一直延续至今。1935年，第一届世界桥牌比赛在美国纽约举办。1958年，世界桥牌联合会在挪威成立，之后定约桥牌也正式成为一项世界性的智力运动。

我国于1980年正式成立了中国桥牌协会，它是国际桥牌大赛与全国群众桥牌比赛的主要组织机构。1982年，我国首次派队参加在法国举办的世界桥牌锦标赛。如今，我国每年也会举办不同级别、不同形式的桥牌比赛，这些都极大地推动了桥牌运动在我国的发展以及我国桥牌水平的提升。

（三）桥牌的基本规则

在桥牌游戏中，每副牌或每一局都需要经过四个过程，分别为发牌、叫牌、打牌、计分，下面将对这四个过程的基本规则分别进行介绍。

1.发牌

第一副牌由位于北边座次的牌手（称“北家”）发牌，之后每副牌均按照顺时针的方向，依次由东、南、西家轮流发牌。北家发第一副牌时，要从自己的下家（即东家）开始，同样按照顺时针方向依次发牌，每家13张牌。注意发牌时牌面朝下，若发牌时牌被他人看到或发牌有误，则需重新发牌。

2.叫牌

发牌结束以后，每家需要选择四种花色中的一种作为将牌，牌手主要是根据自己的牌情牌力确定将牌，同时还要叫出己方至少赢得的牌墩数，这整个过程就是叫牌。每一名牌手均有叫牌的机会，叫牌从发牌人开始，然后以顺时针顺序依次进行叫牌，不过牌手也可以根据自己的牌情，当轮到自己叫牌时选择不叫牌(Pass)。

在桥牌比赛的过程中，两名搭档可以通过叫牌来彼此交换信息，叫牌的过程其实就是定约的过程，而经过竞叫，四家可以达成最终定约。

叫牌所使用的语言叫作叫品，其包括两部分内容：一是定约阶次，即叫牌一方承诺要赢得的最低墩数，共七个选项(1～7)；二是定约名目，即叫牌一方选择某个花色作为将牌或无将定约，由代表花色的S(黑桃)、H(红心)、C(梅花)、D(方块)、NT(无将)五种符号表示。一般来说，叫牌者作出一个叫品就代表着作出一个定约，其需要完成N阶定约的墩数为6＋N，如北家叫牌3NT，则代表着本副牌没有将牌，且要赢得6＋3＝9墩牌。

在桥牌游戏中，包括定约阶次与定约名目的叫牌是实质叫牌，叫品也可划分为不同的等级。叫牌时需要按照叫品等级从低到高地叫牌，后一位叫牌者的叫品要比前一位叫牌者的叫品高，即“超叫”。叫品阶次从1到7依次增大，叫品名目由低到高依次为C、D、H、S、N、T。具体来说，超叫要求当牌手叫牌是同一阶次时，下家名目要比上家名目高；当牌手叫牌是同一名目时，下家阶次要比上家阶次高。如北家开叫2H，那么东家就不可以叫2C或2D，其可以叫2S、3C或Pass。下家实质叫牌超过了上家实质叫牌，即所谓的“足够叫牌”，否则称为“不足叫牌”。

需要注意的是，当叫牌中连续出现了3个Pass时，叫牌则宣布结束，最后叫牌成功的一家就是庄家，而最后叫得的最高花色即为将牌花色(或无将)，叫得的阶次就是定约的水平。当进入出牌阶段以后，庄家左手下家先出牌。若四家均未实质叫牌，叫作All Pass，此时叫牌也宣布结束，这副牌宣告作废，之后由下家重新进行发牌、叫牌。

3.打牌

叫牌结束后，定约确定，庄家、首攻人(庄家左手下家)、明手(与庄家相对位置的一方)也确定了，打牌的过程实际上就是定约方争取完成定约，而防守方努力击败定约的过程。

具体来说，当首攻人打出第一张牌以后，其他三家按照顺时针方向依次出牌，然后进行牌面大小的比较，出牌最大的一家及其同伴赢得这一墩牌，且其是下一墩牌的领牌人。其他三家要尽量选择相同的花色跟牌，若是手中没有相同花色的牌，可以打出将牌或垫牌（一张闲牌）。需要注意的是，任何一张将牌比异种花色的任何牌都要大，可以赢墩，而垫牌无论牌面有多大都是最小的牌，不能赢墩。如果是在无将定约中，因为没有将牌，所以只能选择其他花色垫牌，此时需要按照同一花色中牌的大小来确定赢墩的一方。

在打牌的过程中，明手不能决定或建议出哪张牌，其牌需要完全在桌面上摊开，并按照花色摆成四列，由庄家负责打明、暗两手的牌，明手需要按照庄家的指示出牌，其唯一的权利是提醒庄家该由哪一方出牌。

一副牌总共能够打出 13 墩，全部打完之后来统计定约的完成情况。举例来说，如果叫牌时是 3S 定约，定约方若想获胜，按照规定则需完成 6＋3＝9墩，若其最终拿到的墩数为 11 墩，则其超 2 墩完成定约，称作“超 2”，记作＋2；若其最终正好拿到 9 墩，则称作“Make”或“Just make”，记作 M 或±0；若其最终拿到的墩数为 8 墩，则定约失败，称作“定约宕一”，即“Down one”，记作－1。

4.计分

一副牌打完，根据定约的完成情况来计算分数，具体可分为墩分、奖分（奖励分数）、罚分三种，具体如下所述。

（1）墩分。墩分即完成定约的一方按照定约名目与阶次不同所获得的分数。其中，低级花色 C、D 每墩 20 分；高级花色 H、S 每墩 30 分；无将定约第一墩 40 分，之后每一墩 30 分。如完成定约 3H，则墩分为 3×30＝90 分。

（2）奖分。在桥牌比赛中，叫牌一方叫到并完成墩分小于 100 分，则称作部分定约，此时定约方只能拿到墩分，却拿不到奖励分数。

若是叫牌一方叫到并完成墩分大于或等于 100 分，则称作成局定约，如定约 4H，墩分为 4×30＝120，这就属于成局定约。此时定约方除了拿到墩分以外，还能够拿到丰厚的奖励分。若一方叫到且完成 6 阶定约（即赢到 12 墩），称作小满贯，而叫到且完成 7 阶定约（即赢到 13 墩），则称作大满贯，获胜一方能够获得更多的奖励分。

（3）罚分。若是一方完成定约失败，对方获胜，则其会收到罚分，罚分的多少取决于最终定约方比定约少的墩数。

二、麻将

(一)麻将简介

麻将是我国十分普及的一项智力游戏,有着悠久的历史。麻将需要四人同时参加。下面将对麻将进行简单的介绍。

麻将的基本牌共有六种,包括万子牌、饼(筒)子牌、条(索)子牌、风牌、箭牌、花牌共 144 张,具体介绍如下。

1.万子牌

如图 7-11 所示,万子牌包括一万到九万各 4 张,共 36 张牌。

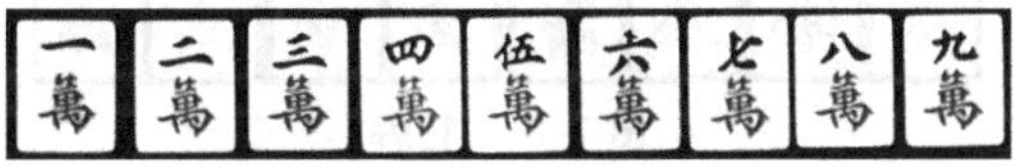

图 7-11 万子牌

2.饼(筒)子牌

如图 7-12 所示,饼(筒)子牌包括一饼到九饼各 4 张,共 36 张牌。

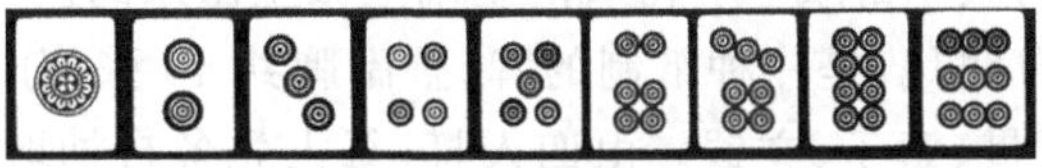

图 7-12 饼(筒)子牌

3.条(索)子牌

如图 7-13 所示,条(索)子牌包括一条到九条各 4 张,共 36 张牌。

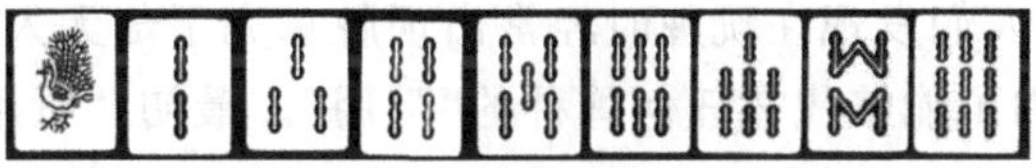

图 7-13 条(索)子牌

4.风牌

如图 7-14 所示,风牌包括东、南、西、北各 4 张,共 16 张牌。

图 7-14 风牌

5.箭牌

如图 7-15 所示,箭牌包括白板、绿发(发财)、红中各 4 张,共 12 张牌。另外需要注意的是,风牌和箭牌统称为字牌。

图 7-15 箭牌

6.花牌

如图 7-16 所示,花牌包括春、夏、秋、冬、梅、兰、竹、菊各 1 张,共 8 张牌。

图 7-16 花牌

(二)麻将的起源与发展

麻将是由明代末期流行的马吊牌、纸牌发展演变而来的,而马吊牌则是在我国最古老的娱乐游戏——博戏的基础上派生出来的。

马吊牌源自明代,是一种纸制的牌,整副牌共 40 张,分为四种花色,分别为十万贯、万贯、索子、文钱。由四人打,每人先各自抽取 8 张牌,余下 8 张放在桌子中央。四人依次出牌、取牌,出牌时以大击小。

到了明末清初,从马吊牌又衍生出一种叫作“纸牌”的游戏用具,纸牌共 60 张,也是由四人打,在打牌时每人先各自抽取 10 张牌,之后再依次取牌、打牌。大概在清朝末期,纸牌增加了四色风牌(东、南、西、北)和三元牌(中、发、白)。后来,人们发现在玩牌时经常出现牌拿完了却无人做成牌的情况,于是人们又增加了能够代替任何牌种的“听用”。最初,“听用”只有两张,随后逐渐增加为多张,直到发展为有“绘”的纸牌。随着纸牌数量的不断增多,人们发现在取牌、舍牌、组合牌时很不方便,便从骨牌中得到启发,开始把纸牌改成骨制,将牌立在桌上打,正宗的麻将牌由此产生。

麻将具有较强的娱乐性,其自产生之日起就受到人们的喜爱,无论是在城市还是乡村,都有很多麻将爱好者。为了促进麻将的健康有序发展,也为了麻将比赛的有序进行,1998 年,经国家体育总局审定,人民体育出版社出版了《中国麻将竞赛规则(试行)》。随着我国综合国力的不断增强,麻将作为我国优秀传统文化的代表之一,开始在世界范围内流行起来。2005 年,世界麻将组织在欧洲成立，并定期举办欧洲麻将锦标赛，目前世界上共有30多个成员国加入该组织。

需要注意的是，一些人将麻将当作赌博的一种工具，不仅对自己的身心健康不利，也会破坏家庭与社会的和谐，有的赌徒甚至走上违法犯罪的道路。鉴于此，如何规避麻将的消极作用，使其积极作用得到充分发挥，成为大众的娱乐运动，是麻将发展过程中不容忽视的一个重要问题。

（三）竞技麻将术语与和牌规则

1.竞技麻将术语

我国竞技麻将的术语十分丰富，具体如表7-6所示。

表7-6　竞技麻将术语

术语	解释
庄家	最先摸牌的人。一般按照逆时针方向轮流坐庄，即不连庄
上家	自己左手边的人
对家	自己对面的人
下家	自己右手边的人
盘	从摸牌到和牌或黄庄（即无人和牌）称作一盘
圈	四人轮流坐庄一次称作一圈，一圈为四盘
局	四人在东南西北四个方位各坐一圈是一局，每局四圈
门风	每人每盘座位的标志，庄家为东风，沿逆时针方向依次为南风、西风、北风
圈风	每圈的标志，一局中，第一圈是东风圈，之后依次是南风圈、西风圈、北风圈
局名	一圈中的四盘依次用东、南、西、北表示，局名包含圈风，如一局中第二圈第四盘用南风北局表示
幺九牌	序数牌中1和9，以及字牌
顺子	序数牌中花色相同、序数相连的3张牌
刻子	序数牌中花色相同、序数相同的3张牌
对子	相同的2张牌
将牌	在需要一对的和牌牌型中，这一对叫作将牌

续表

术语	解释
吃	只能吃上家打的牌,吃牌者取出自己的 2 张牌,与上家所打的牌组成一副顺子
碰	可随意碰任何一家的牌,碰牌者取出自己与上家打出的牌相同的 2 张牌,组成一副刻子
杠	4 张相同的牌就可开杠。其中,自己手中有 3 张相同的牌,若别人打出第 4 张后开杠,叫作"直杠",若自己之后摸到与碰牌相同的第 4 张牌,叫作"补杠",二者统称为"明杠";如果自己摸到 4 张一样的牌,叫作"暗杠"
补花	摸到花牌以后,放在一边明示,之后从牌墙末尾再摸一张牌
自摸	自己摸牌和牌
点炮	和别人打出的牌
流局	牌墙已空,且最后一张牌打出之后仍没有人和牌

2.竞技麻将和牌规则

要想了解竞技麻将的和牌规则,就要先对竞技麻将的和牌牌型进行了解,具体如表 7-7 所示。

表 7-7　竞技麻将的和牌牌型

和牌牌型	说明
11 123 123 123 123	1 对将牌＋4 副顺子
11 111 123 123 123	1 对将牌＋1 副刻子＋3 副顺子
11 111 111 123 123	1 对将牌＋2 副刻子＋2 副顺子
11 111 111 111 123	1 对将牌＋3 副刻子＋1 副顺子
11 111 111 111 111	1 对将牌＋4 副刻子
11 11 11 11 11 11 11	七对
十三幺	由 3 种序数牌的一、九牌、7 种字牌及其中一对作将牌组成的和牌
全不靠	由单张 3 种花色 147、258、369 不能错位的序数牌及东南西北中发白中的任何 14 张牌组成的和牌

续表

和牌牌型	说明
七星不靠	由7个单张的东西南北中发白，加上3种花色，数位按147、258、369中的7张序数牌组成没有将牌的和牌

竞技麻将和牌需要遵守以下规则：

第一，一局比赛打四圈，每圈打4盘，不设连庄，每局打16盘。

第二，同一局牌中，为了避免上家与下家座位固定而带来的运气和制约因素，会采取座位轮换的方法，具体的轮换方式有以下两种：①第三圈开始之前，东家与南家、北家与西家互换座位，由原来的南家先坐庄；②第二圈开始之前，东家与南家、北家与西家互换座位，第三圈开始之前，东家、南家与对门互换座位，之后西家换到南家，北家换到东家，第四圈开始之前，此时的东家与南家、西家与北家互换座位。第二种换法可以确保每个人在四圈中将东南西北四个位置都坐过一圈。

第三，暗杠时，4张牌的牌面要朝下，不需要给他人看见，当牌局结束后，无论是否和牌，都要翻开牌供对手查看。

第三节　电子竞技

本节首先对电子竞技进行整体介绍，其次对电子竞技的产生与发展展开论述，最后分析了电子竞技游戏与网络游戏的区别，以期人们对电子竞技有更清晰的了解。

一、电子竞技简介

电子竞技全称电子竞技游戏，也可以简称为“电竞”，是电子游戏的一个主要类型，其更侧重于游戏者与游戏机、游戏者与游戏者之间的对抗，因此，电子竞技比一般的电子游戏具有更强的竞技性，其对游戏者对规则的遵守与灵活运用提出了更高的要求。作为一项智力型运动项目，电子竞技对参与者的反应能力、思维能力、协调能力、团队精神、意志力等均提出了较高的要求。

近年来,电子竞技游戏参与人数逐渐递增,它成为新时期我国体育事业的一个重要组成部分。关于电子竞技体育的概念,国家体育总局将其定义为,利用以信息技术为核心的软硬件作为器械、在体育规则的要求下进行的人与人之间的对抗性运动。电子竞技包括电子、竞技两个基本元素,其中电子是电子竞技游戏的手段与方式,竞技是电子竞技游戏所具有的体育方面的本质特性。

目前,国内外电子竞技游戏的种类有很多,其主要可以分为两大类:一类是休闲类,主要包括传统体育娱乐项目电子化的产品,如网络围棋、网络象棋、网络斗地主、网络麻将等;另一类是狭义的电子竞技游戏,包括第一人称射击游戏、即时战略游戏与体育模拟游戏。

二、电子竞技的产生与发展

20 世纪 60 年代末,随着计算机技术的不断发展,电子游戏开始进入人们的日常生活中。最早的电子竞技游戏主要出现在城市街道的游戏厅内,一般是两人对战形式的游戏,如《街头霸王》《世界英雄》等。这种街机文化在当时十分流行。

20 世纪 70 年代以后,美国开始出现家用电子游戏机。到了 20 世纪 80 年代,日本一些游戏机厂商逐渐开发出适用于家庭电视的游戏平台,其中最有名的游戏平台是日本任天堂公司开发的 Famicom(以下简称 FC),它是第一款 8 位游戏平台,也被称作“红白机”。受其影响,以家用电视为媒介的电子游戏平台市场开发受到人们的广泛关注。

1994 年,日本索尼公司成功研制了 PS(Play Station)一代,其最早采用光盘作为家用游戏机的游戏载体,可以说,这一时期电子竞技已初具雏形。不过,受当时技术条件的限制,这一时期的游戏大多是中小型游戏,且游戏的项目较少。

随着计算机技术的快速进步,许多电脑制造企业与游戏软件厂商纷纷着手开发以电脑为媒介的电脑游戏,设计出了许多成功的作品。目前,电脑游戏在电子游戏中已经占据了越来越重要的地位,同时它也为电子竞技游戏的发展奠定了重要的技术基础。如 1992 年,美国 Westwood 公司开发了《沙丘魔堡》,它是即时战略游戏(RTS)的开山之作;1993 年美国 Idsoftware 公司开发的《毁灭战士(Doom)》游戏,是一款第一人称射击游戏(FPS),这款游戏被认为是电子竞技游戏发展史上的一个里程碑。

1994 年,美国暴雪娱乐公司发布了即时战略游戏《魔兽争霸》初版,之后又发布了多个系列,这一游戏成为了一款经典战略游戏。

1999 年，Idsoftware 公司研发了 Quake 3，这是世界上第一款只支持网络对战竞技的游戏，具有里程碑的意义，其一经发布就迅速受到全球电竞玩家的关注，获得巨大成功。

2006 年，在《魔兽争霸 3》基础上发行的 DOTA，其支持多人即时对战和自定义游戏地图，对之后的许多竞技游戏产生了很大的影响。而基本上在同一时期，Idsoftware 公司发布了 Doom2，该游戏支持局域网内多人对战，同时还确立了 FPS 游戏多人对战的基本规则，这一规则一直沿用至今。

2009 年，美国拳头游戏公司研发的《英雄联盟(LOL)》在美国发行，2011 年该游戏进入中国市场，成为目前最具影响力的电子竞技游戏。在 2018 年和 2019 年举行的英雄联盟全球总决赛上，来自中国的 IG 战队和 FPX 战队先后获得比赛冠军。

我国电子竞技游戏目前也处于快速发展的阶段。2003 年，国家体育总局将电子竞技运动纳入我国正式开展的第 99 个体育项目，且这一年国内举办了首届教育网“反恐精英赛”，来自我国国内 10 所高校(包括清华大学、北京大学等)的 16 支战队参加，比赛取得了圆满成功。2005 年、2006 年我国选手李晓峰两次夺得世界电子竞技大赛冠军。2016 年，教育部在高职院校增补设置了“电子竞技与运动管理”专业，专门培养电子竞技人才。我国国家级电子竞技比赛有全国电子竞技运动会、中国电子竞技大会等。

目前，世界上最具影响力的国际电子竞技比赛有世界电子竞技大赛(简称 WCG，韩国)、世界电子竞技联赛(简称 WEG，韩国)、电子竞技职业联赛(简称 CPL，美国)、电子竞技世界杯(简称 ESWC，法国)等。

三、电子竞技游戏与网络游戏的区别

电子竞技游戏与网络游戏有着明显的区别，其主要体现在以下几个方面：

首先，电子竞技游戏与网络游戏的基本属性不同。电子竞技游戏是不同的玩家在信息技术营造的虚拟环境中，有组织地开展智力、体力的对抗，属于一种体育运动项目。而网络游戏则是在虚拟的世界中，通过模拟或角色扮演进行的娱乐游戏，其主要是为了追求感官上的愉悦和刺激。

其次，电子竞技游戏与网络游戏的规则限制不同。电子竞技游戏开展的前提是要有明确的比赛规则，对玩家进行游戏的时间和游戏的回合次数具有严格的限制。而网络游戏通常没有统一、明确的游戏规则，对游戏的时间、回合次数也没有较多限制，这导致一些自控力差的人很容易沉迷其中，难以自拔。

最后，电子竞技游戏是正式的体育比赛项目，运动员通过体力、智力对抗来获取比赛的胜利，在此过程中也体现着公平、公正的体育精神。而网络游戏主要是人与电脑或人与人之间的互动交流，游戏进行的方式很灵活，也不必通过对抗来评判游戏的结果。

第八章　休闲体育的极限类项目指导

极限类项目是对一些难度较高、挑战性较大的运动项目的总称。近年来，极限运动在世界各国都获得了良好的发展，并逐渐成为休闲体育的重要组成部分。本章将以登山、攀岩、蹦极、速降、滑轮、滑板、潜水、冲浪、漂流、滑雪、滑翔伞、热气球、定向越野、野外生存这 14 项极限运动为例，对休闲体育中的极限类项目展开研究。

第一节　登山与攀岩

一、登山运动

登山运动是一项不限于固定场地、没有观众进行现场助威，需要运动员凭借顽强拼搏的精神，在特定的地理环境中，从平缓的山地逐渐攀爬、挺进至指定的高峰的体育活动。下面将从多个层面对登山运动进行详细介绍。

（一）登山运动的发展历程

1786 年，山村医生巴卡罗和采掘工人巴尔玛结伴，首次登上了阿尔卑斯山的主峰，因此，登山运动又被称作“阿尔卑斯运动”，且 1786 年被视作登山运动的诞生年。1857 年，世界上第一个国家级的登山组织——英国登山俱乐部成立，登山运动开始进入“阿尔卑斯黄金时代”。

自 1950 年起，高山登山运动开始进入重要的发展阶段，即“喜马拉雅黄金时代”。1953 年，英国登山队队员依·希拉里和藤辛·诺尔盖从南坡登上了珠穆朗玛峰，这是有关人类首次登上世界最高峰的记载。

我国的登山运动大约是从 20 世纪 50 年代开始发展起来的，在过去几十年间，我国登山运动员已经完成了双跨世界顶峰、攀登世界七大洲最高峰等壮举。1964 年，以队长许竞为代表的我国登山运动员成功登上了海拔

8012米的希夏邦马峰，创造了10名队员集体登上8000米以上高峰的世界纪录。

如今，登山运动已发展成为一项既惊险又刺激、同时还能展现出人的精神风貌的户外运动，深受年轻人的喜爱。2019年10月20日，全国群众登山健身大会在海南省保亭黎族苗族自治县七仙广场开幕，共有来自省内外的3000余名登山爱好者参加了此次活动。

（二）登山运动的分类

按照运动目的，可将登山运动分为旅游登山、竞技登山、探险登山三类。其中，旅游登山是指以锻炼身体、观赏风景为目的的群众性登山活动；竞技登山是指人们徒手或借助一定的器械所进行的有关攀登技术的竞赛；探险登山是指人们在器械、装备的辅助下，以承受自然考验、攀登高峰绝顶为目的而进行的登山活动。在上述三类登山运动中，旅游登山是最为主要的一种形式，其又可具体分为以下几种类型：

1.一般的登山活动

所谓一般的登山活动，即以锻炼身体、观光风景为主要目的的登山活动。人们通常会选择风光秀丽、拥有名胜古迹的山区作为登山地点，且要求山峰高度适中、路线难度不宜过大。一般的登山活动比较适合集体外出或节假日与家人外出的情况，是一种中老年人同样能够参与其中的登山形式。

2.登山比赛

登山比赛是指按照规定的登山路线，根据人们到达顶峰或指定比赛终点的时间来记录成绩和名次的登山活动。由于登山比赛的运动量较大，对体力的消耗也极大，因此相对适合年轻人参加。登山比赛的形式主要包括三种，分别是个人登山比赛、团体登山比赛、登山接力比赛。

3.登山夏令营

登山夏令营是一项在近些年发展较为迅速的户外体育活动，其主要面向的是青少年群体。在正式登山前，夏令营组织者通常会先在地理位置合适的山城建立基地营，让青少年先在营地生活中体会野营、野炊的意趣，同时了解登山运动的相关知识。等到正式登山后，组织者还可在登山之余安排青少年看日出、看日落、进行摄影等，以培养青少年热爱自然、团结互助的观念。

（三）登山运动的组织工作

1.登山前的准备工作

在正式登山前，登山者通常需要做好以下几项准备工作：①根据个人或团队的情况、山峰高度、距离远近等因素，来确定攀登的对象与路线；②在出发前进行必要的体能训练，尤其是探险登山的参与者，更要加强耐氧训练、耐寒训练、耐力模拟训练等；③了解天气情况，合理安排登山活动的日程；④到达攀登地点后，了解攀登对象的具体情况，如路标设置位置、救护中心位置、食品供给情况等；⑤准备好帐篷、睡袋、防潮垫、急救药物、通信工具等。

2.登山过程中的注意事项

在登山过程中，登山运动参与者应注意以下几点：第一，对旅游登山者而言，其主要目的是游览而非攀登，因此无须过于重视登山的速度，而应将登山休闲与领略风光、增加知识融为一体；第二，对探险登山者与竞技登山者而言，其要在登山过程中配备专业向导、随行医生，并提前准备好专业的登山与探险设备；第三，对登山夏令营组织者而言，其不仅要制定周密、详细的登山计划，更要高度重视登山过程中的安全工作。

（四）登山运动中的常用技术

1.三点固定法

三点固定法是人们在攀登陡峭坡面时最常用的一种攀登方法，其主要原理是由双手和双足构成人体用力时的四个支撑点，并通过轮流使用其中的三个点，使人体在岩面上保持暂时固定的状态，而后通过移动一手或一足，来达到继续向上攀登的目的。

2.三拍法

三拍法通常用于人们攀越峭壁、雪坡时。例如，当人们攀登质地较硬的雪坡时，一般会按照以下步骤进行：第一，双手横握冰镐头的两边，将镐底钉插入斜坡的雪中；第二，脚尖用力蹬破雪的表层，构成一个支点；第三，将另外一只脚迈向前，蹬破另外一部分雪的表层，构成又一支点；第四，沿着上述步骤构成的等高台阶形足迹，逐步上攀。

3.适应性行军

适应性行军强调的是提高登山者的适应能力。在攀登海拔6000米以上的高山时，人体通常会因高差较大而导致器官无法立刻适应缺氧的环境，此时，人们一般会采取逐段适应升高的方法。

4."之"字形攀登法

在攀登较为陡险的草坡、碎石坡、冰雪坡面时，人们为减少向上攀登时的难度和可能存在的滑坠危险，通常会选择这种攀登法。该方法的命名主要是因为其如同曲折的蛇形路线，形如"之"字。

二、攀岩运动

攀岩是指人类以攀爬本能为基础，以各种装备为保护措施，在峭壁、裂缝、人工岩壁上进行攀登的运动。下面将重点介绍攀岩运动的发展历程、所需装备、基本技术、训练方法、救援步骤等。

(一)攀岩运动的发展历程

攀岩运动常被称作"岩壁上的芭蕾"，其已有100多年的发展历史。1865年，英国登山家埃德瓦特借助钢锥、铁索、登山绳索等技术装备，首次攀登上了险峰，他也因此被视为攀岩运动的创始人。1890年，英国登山家马默里对攀登工具进行了改进，他发明了各类登山绳结和打楔所用的钢锥、钢丝挂梯等，由此将攀岩技术推向了新的发展阶段。

20世纪60年代初，具有较大难度的攀岩比赛开始出现。1974年，在首届国际攀岩锦标赛上，有来自12个国家的213名选手参加了比赛。在此之后，国际攀岩锦标赛每年举办一次，且比赛项目分为个人攀登赛、小队攀登赛、个人平行计时赛等。1991年，亚洲攀登比赛委员会成立，其要求每年举办一届亚洲竞技攀岩锦标赛。

在我国，全国性的攀岩比赛自1987年起开始举办，比赛项目主要包括男(女)单人攀登赛、双人结组攀登赛、人工岩场攀登比赛等。

(二)攀岩装备

攀岩装备的准备工作是开展攀岩运动的重要前提，攀岩装备的质量好坏、选择的合适与否将会直接关系到攀岩者的生命安全。在平时，攀岩者要注意对攀岩装备的维护与保养，在动身之前更要对攀岩装备进行反复检查。

攀岩装备主要由个人装备和攀登装备两部分组成，其中包含的具体装备如表 8-1 所示。

表 8-1　常用的攀岩装备

类型	装备名称	简介
个人装备	安全带	一般使用登山安全带
	下降器	一般使用 8 字环下降器
	安全铁锁和绳套	攀岩过程中，运动员在休息或进行其他操作时用于自我保护的装备
	安全头盔	用于防备下落石块，以免头部受伤
	攀岩鞋	一种摩擦力很大的专业用鞋，有利于节省体力
	镁粉和粉袋	擦拭适量镁粉，可避免双手因出汗而手滑
攀登装备	绳子	攀岩所用绳子的直径一般为 9～11 毫米，主绳的直径最好为 11 毫米
	岩石锥	由金属材料制成的、用于固定在岩壁上的各种保护器材，一般呈锥状、钉状、板状
	岩石锤	钉岩石锥时所用的工具
	岩石楔	作用与岩石锥相似，是一种主要起到固定作用、取放自由的保护工具

（三）攀岩运动的基本技术

要想掌握攀岩运动的基本技术，攀岩者就要首先明确怎样的身体姿势、手臂动作、腿部动作是正确的攀岩动作，这样才能达到手脚协调配合的效果。

1.身体姿势

在攀登自然岩壁时，攀登者的身体姿势要尽量保持以下状态：第一，身体要自然、放松，运用三点固定法来稳定身体重心；第二，根据岩壁的陡缓程度和便于观察攀岩路线的视角，确定身体与岩壁之间应当保持的距离；第三，上、下肢要协调舒展，攀岩要有节奏；第四，身体重心要落到脚上，保持面向岩壁、三点固定支撑的攀登姿势。

2.手臂动作

在攀岩的过程中,手部动作是维持身体平衡的关键,而手臂力量的大小又会直接关系到攀岩的质量与效果。尤其是对攀岩初学者而言,在其尚不善于运用下肢力量的情况下,手臂动作就显得格外重要。一名优秀的攀岩运动员,其指力、腕力、臂力都是十分强大的。

关于手臂如何用力这一问题,需要分为攀登自然岩壁和攀登人工岩壁两种情况。在攀登自然岩壁时,由于动作变化较大,因此攀登者要根据不同的支点来采用不同的用力方法,并采用抓、握、挂、抠、拉、撑、推、压等动作;在攀登人工岩壁时,攀登者要保持手腕的紧张,手掌要贴在岩壁上,在第一指关节抠紧支点的同时,使小臂随手掌紧贴岩壁。

3.腿部动作

攀岩技术的好坏除了与手臂动作有关,还会在很大程度上受到腿部力量的影响。攀岩运动员的腿部动作要领通常如下所述:①两腿外旋,大脚趾内侧贴近岩面;②双腿微屈,用脚踩支点以维持身体重心;③膝部不要接触岩面,以免影响脚的支撑和身体平衡,更为严重者,还有可能因双脚滑脱而导致膝部受伤;④用脚踩支点时,切忌用力过猛。

4.手脚配合

一名优秀的攀岩运动员,其上下肢力量的运用必然是协调的。而对一名初学者来说,在达到手脚配合的境界之前,其首先需要加强上肢力量,这是因为攀岩的基本动作是上肢引体、下肢蹬压抬腿并移动身体,如果上肢力量不足,那么攀登者就很容易感到手臂无力、酸痛麻木,继而失去抓握能力,而一旦失去了抓握能力,即使攀登者的下肢力量再强,也很难继续维持身体平衡。因此,攀岩初学者要先充分锻炼上肢力量(包括手指力量、手腕力量、手臂力量等),而后再以下肢力量(包括脚腕力量、脚趾力量、腿部力量等)相配合,以达到身体重心能够随着用力方向的变化而协调移动的水平,这样手脚配合的灵活度也会随之大大提高。

(四)攀岩运动的训练方法

在正式开始攀岩之前,攀岩者需要通过一系列基本的训练方法来提高自身的各项素质。具体来讲,攀岩者可适当开展以下训练:①加强力量练习,如指卧撑、引体向上、提捏重物等;②进行跳绳、慢跑等练习,来增强自身的耐力与协调性，同时加强心肺功能；③积极参加球类运动或棋类运动，以提高自身的判断力；④积极参加登山、郊游等活动，以提高自身的心理适应能力；⑤进行动作分解练习，先在难度较低的岩壁上开展平移练习，之后逐渐加大难度，沿着指定的路线进行攀岩练习。

（五）攀岩运动的救援步骤

攀岩作为一项带有一定极限挑战性质的运动，存在较大的危险性，在攀岩过程中出现意外也并非稀有现象。在攀岩过程中一旦发生意外，在最短时间内采取最为有效的救助手段就变成了一项十分重要的任务。

一般情况下，攀岩运动中的救援工作可大致分为七个步骤：第一，由领队控制局面，并对当前局势作出判断，同时给团队内其他成员分配任务；第二，以最安全的方式接近伤员；第三，对重伤伤员进行紧急救援，如检查呼吸和脉搏、对严重出血的伤口进行包扎止血；第四，保护伤员，减轻伤员在生理上和心理上的压力，同时尽量保持伤员的体温；第五，进行全身检查，注意那些看似无碍于性命的伤势；第六，制订行动方案，决定是立刻撤离，还是派人报信，并在原地等待外援；第七，执行行动方案。

第二节　蹦极与速降

一、蹦极运动

蹦极运动是一项需要跳跃者站在至少 40 米高的平台上，将一根一端固定着的长长的橡皮绳绑在踝关节处，随后双腿并拢、双臂伸展、头朝下跳下去的运动，具有极强的刺激性与惊险性。下面将对蹦极运动进行简单介绍。

（一）蹦极运动概述

近年来，随着人们生活压力的不断增大，蹦极这项十分刺激且有助于情绪宣泄的户外运动越来越受到人们的广泛关注。在蹦极时，人们会感受到每小时 55 千米的坠落速度和 4～5 次的反弹，这种体验无论是对人的生理还是心理，都提出了极大的考验。

蹦极运动的名称源于英文“Bungee”，最早是由牛津极限运动俱乐部命名的。1979年，牛津大学冒险俱乐部的一名成员利用一根弹性绳索，从245英尺高（约74.7米）的克里夫顿桥上飞身跳下，由此拉开了蹦极运动发展的序幕。

（二）蹦极运动的基本装备

蹦极运动是一项十分刺激、同时也极其危险的运动。在蹦极过程中，蹦极者的性命可以说是牢牢地维系在了蹦极装备上，一旦蹦极装备出现问题，所引起的后果是任何人都无法承担的。因此，蹦极者及相关工作人员一定要对蹦极装备进行反复且仔细的检查。蹦极过程中需要用到的基本装备如表8-2所示。

表8-2 蹦极运动所需的基本装备

名称	简介
弹跳绳	①蹦极地点一般都会备有专业的弹跳绳； ②新型弹跳绳采用“双保险”设计，按照人的下降速度和反弹高度分为轻绳和重绳，安全系数明显提高
扣环	①作用在于连接弹跳绳与蹦极者； ②一般为纯钢制品，可承受10500磅（约4762.7千克）的重量
绑膝装备	①进行前跳式蹦极或后跃式蹦极时会使用的装备； ②需要将蹦极者的腰部固定在弹跳绳的一端
绑脚装备	用于捆绑脚踝，是自由式蹦极的必需装备
绑背装备	①进行前跳式蹦极或花式蹦极时需要用到的装备； ②主要作用在于保护背部、平衡身体
抱枕	蹦极时抱在怀中，既可维持身体平衡，又能减轻紧张感

（三）蹦极运动的跳法

蹦极运动的方式并不是单一的，蹦极者可以根据自己的实际情况，选择最适合自己，同时也最容易接受的蹦极方法。蹦极运动的跳法大致可分为六种，具体如下所述。

第一，绑腰后跃式。此跳法属于“入门”级别，其要求蹦极者绑腰站在跳台上，以后跃的方式向下跳。

第二，绑腰前扑式。此跳法要求蹦极者绑腰站在跳台上，以向前扑的方式一跃而下。由于蹦极者此时是面朝下的，因此更容易产生恐慌之感。

第三，绑脚高空跳水式。此跳法要求蹦极者将装备绑在脚踝上，而后面朝下地"立"在跳台上，在倒计时结束后立即张开双臂、向下俯冲，状若雄鹰展翅。

第四，绑脚后空翻式。此跳法要求蹦极者将装备绑在脚踝上，蹦极者背朝后地站在跳台上，而后张开双臂向后空翻。这种方法对蹦极者的腰部力量要求较高，同时也因难度系数较大，而需要蹦极者拥有更多的勇气。

第五，绑背弹跳。此跳法被认为是"距离死亡最近的体验"，其要求蹦极者将装备绑在背上，双手抱胸，双脚向下悬空一踩，体验高空坠落的感觉。

第六，双人跳。此跳法一般适用于热恋中的情侣，因为在空中反弹时，弹跳绳会将两个人紧紧地扣在一起。需要注意的是，双人跳的双方至少应有一方具备蹦极经验。

（四）蹦极运动的注意事项

关于蹦极运动，人们必须注意以下几点：第一，由于蹦极运动对身体素质、心理素质的要求极高，因此，有心脑病史的人群不可参加，深度近视者也要慎重考虑（头部朝下的加速度下坠容易造成脑部充血，进而引发视网膜脱落）；第二，在起跳之前要充分活动各个身体部位，以防拉伤或扭伤；第三，着装要简洁、合身，避免穿容易散开、兜风的衣物；第四，跳下后要注意控制身体，以免脖子或胳膊被弹索卷住。

二、速降运动

（一）速降运动概述

速降运动起源于瑞士，是一种最早应用于高原自救、军事突袭，后来演化为类似蹦极的极限户外运动项目，又被称作"滑索""空中飞人"等。如今的速降运动已被划分为多个类别，如崖降、楼降、桥降等。

总的来说，速降是一个由参与者依靠景点的自然落差，借助绳索从岩壁顶端下降，以达到地面的过程。在这个过程中，参与者可以自行掌控下降的速度、落点，所以严格来讲并不需要十分专业的技巧，但参与者仍须克服对高度、速度的恐惧，且要采取十分全面的保护措施。

由于速降运动具有放松身心、挑战自我、感受刺激、培养合作精神等诸多好处，能够集休闲娱乐与拓展训练于一体，因此，很多单位或学校在组织集体活动时，都会将参与速降运动列入考虑范围。

（二）速降运动的场地装备

下面以速降运动中的一个重要分支——悬崖速降为例，来介绍速降运动需要的场地与装备。

1.场地

适合用于开展速降活动的悬崖，需要具备以下特征：第一，悬崖高度适中，崖面、崖底相对平坦；第二，不可有明显突出的尖棱角岩块；第三，坡度不宜太大；第四，崖顶要有能够挂住保护绳的大树或巨石。

2.基本装备

悬崖速降所使用的装备主要有安全带、安全头盔、铁锁、下降器、静力绳、手套等，这些装备的特征与作用如表 8-3 所示。

表 8-3　悬崖速降中的基本装备

名称	特征/作用
安全带	①一般使用坐式安全带，由腰带和绑在大腿根部的腿带构成； ②穿戴时注意调节松紧； ③系带时注意打反扣，带子穿好后要沿着反方向穿回，以防带子在中途脱落
安全头盔	预防在下降途中，有石块等杂物掉落
铁锁	①材料通常都十分坚固，可承受 30 千牛的力和 10 牛的冲力； ②主要起到连接作用，如连接静力绳、扁带等； ③连接“8”字环，可缓冲人在下坠时所产生的力量； ④在扣紧主锁时要注意，沿螺纹拧到头后要往反方向松半圈，以防受力后锁死
下降器	①一般为“8”字环下降器； ②绳子在“8”字环中穿梭形成的 8 个点有助于增大摩擦力、控制下降速度； ③在收放“8”字环时要注意轻拿轻放，以免环体出现裂纹

续表

名称	特征/作用
静力绳	①延展性几乎为零,无法通过伸缩来吸收冲力； ②颜色多为白色,即使是彩色,也都是单一的颜色
手套	①由于下降器容易摩擦发热,导致烫手,长时间紧抓静力绳也易使手部磨损,因此手套是必不可少的； ②在下降过程中,双手握绳时要注意远离“8”字环,以免手套卷入环中,造成危险

(三)速降运动的基本技术

速降技术动作的规范与否将会直接关系到速降参与者能否顺利下降至悬崖底部。尤其是对速降“新手”而言,其必须时刻提醒自己保持技术动作的正确性。具体来讲,在下降过程中,速降者的身体要呈水平状向后倒,同时依靠身体的重力向前进,身体与岩壁之间尽可能地呈 60°,两腿分开,将身体的重心放在两腿之间,这样有利于保持平衡。

在悬崖速降中,速降者还要注意以下几点:第一,将右手置于右腰后侧,同时握紧绳索,这样就能让身体停止下降;第二,右手放松,身体便会在重力的作用下匀速下降;第三,上身要保持正直,双腿也要伸直,或微屈蹬在崖壁上,而后一步一步地向下移动;第四,除了双脚,其他任何身体部位都不可与崖壁“亲密接触”。

(四)速降中的紧急情况应对

由于动作不标准、经验不丰富等原因,在速降过程中常常会发生一些紧急情况,比如侧摔、倒仰、滑坠等。当出现紧急情况时,速降者不可过度惊慌,否则会进一步增加危险系数。一般情况下,只要装备齐全、应对得当,紧急情况都是可以顺利解决的。

1.侧摔

侧摔是最容易发生在速降初学者身上的一种紧急情况,具体表现为人侧身摔向石壁。造成侧摔的原因一般包括以下几种:第一,脚下用力不均,导致重心偏移;第二,石壁凹凸不平,双腿伸屈不同步;第三,下降路线过偏,导致绳子回荡;第四,双腿并拢,重心不稳。通常来说,在装备齐全的前提下发生侧摔并不会造成严重的伤害，且要想恢复为正常的姿势也是较为容易的。

2.倒仰

所谓倒仰，即头下脚上、背向石壁的姿势。造成倒仰的原因主要包括以下几点：第一，刚开始下降时，因直角过渡太急，而导致重心悬空；第二，想营造出一种“飘逸感”，但未把握好分寸，导致身体失控；第三，双腿过于弯曲，重心悬空且低于双脚。

当速降者陷入倒仰状态时，一般会磕到肩部或臀部，但也并无大碍，只是调整姿势时会有些困难，需要在专业人士的指导与指挥下缓慢进行。对缺乏经验的速降新人而言，在慌乱状态下混淆左右手是较为常见的一种现象。

3.滑坠

滑坠最主要的表现即人顺着绳子快速下坠，一般发生在人的身体已经离开石壁，但尚未及时握紧绳子的情况下。发生滑坠时，位于下方的保护人员通常会在最短的时间内拉紧保护绳，但往往也还是会继续下滑两三米，滑坠才能停止。崖壁的形状与表面光滑程度、悬崖的高度等因素都会关系到滑坠发生的概率。

第三节　轮滑与滑板

一、轮滑运动

轮滑运动即过去常说的“滑旱冰”，其是由滑冰运动在陆上辅助训练的过程中演变而来的。下面将对轮滑运动的发展历程、特色与种类、入门技巧与注意事项等内容进行介绍。

（一）轮滑运动的发展历程

1700 年，由苏格兰人制造出的第一双轮滑鞋标志着轮滑运动在欧洲的诞生。而真正意义上的轮滑鞋（拥有四个轮子且轮子为并排排列的轮滑鞋）则是由美国人詹姆斯在 1863 年制造的。1866 年，詹姆斯在纽约投资创办了第一所室内轮滑场，并组建了纽约轮滑运动协会，首次将轮滑运动列为正式的体育比赛项目。在这之后，轮滑运动开始在欧洲各国迅速风靡起来。1879年，英国成立了国家滑冰协会，而到了1883年，轮滑运动也由该协会负责管理。1924年，国际轮滑联合会（原称“国际滚轮溜冰联合会”）成立，主要发起国为瑞士、英国、德国、法国，协会会员共有98个。

在我国，轮滑运动的规模化发展以1980年中国轮滑协会的成立为标志，同年9月，中国轮滑协会还加入了国际轮滑联合会。1986年，我国加入亚洲轮滑联合会。2016年2月，南京被国际轮滑联合会授予“世界轮滑之都”的称号，随后在同年9月，世界速度轮滑锦标赛在南京举行。

尽管轮滑运动在我国的发展起步较晚，但近些年的发展速度却是极快的。作为一项休闲运动，轮滑运动在我国大中城市已基本普及，很多城市都建有不同规格的溜冰场，且受众不仅限于青少年，还包括中年人和一部分老年人。总的来说，轮滑运动在我国已发展成为一项普及程度较高的群众性体育运动。

（二）轮滑运动的特色

轮滑运动集健身、竞技、娱乐、休闲等多项功能于一体，是一项深受人们喜爱的休闲体育运动。轮滑运动的特色主要体现在以下几个方面：

第一，环保性。轮滑运动倡导健康、环保、时尚等理念，其本身也不会产生任何污染。

第二，娱乐性。轮滑运动具有很强的娱乐性与趣味性，在参与这项运动时，人们可以短暂地从由学习、工作、生活等所带来的压力中解脱出来。

第三，健身性。轮滑运动的健身作用通常体现为以下几点：①有利于提高机体中枢神经系统的功能，增强呼吸系统、消化系统、血液循环系统的功能；②有利于全面发展人体在速度、力量、耐力等方面的素质；③有利于增强腿部、腰部、手臂、身体关节的灵活性，提高人的平衡能力。

第四，工具性。与其他体育项目相比，轮滑运动最突出的一大特色就是工具性，即在平整的路面上，轮滑可以作为一种交通方式，轮滑鞋则承担着代步工具的角色。

（三）轮滑运动的种类

1.花样轮滑

花样轮滑起源于花样滑冰，能够完美体现艺术与体育的结合。与花样滑冰一样，花样轮滑的形式同样十分丰富，如单人花样轮滑、双人花样轮滑、轮滑舞蹈等。其中，单人花样轮滑是掌握这项运动的基础。

2.速度轮滑

速度轮滑是一种以单排轮滑鞋或双排轮滑鞋为工具的竞速轮滑项目，主要包括场地赛、公路赛两种类型。而按照比赛形式划分的话，又可分为计时赛、开放赛、接力赛三类。

3.轮滑球

轮滑球与冰球的最大区别在于轮滑球是在水泥地面或滑面塑胶地面上进行的。除了球体本身之外，在参与轮滑球运动时还要准备好击球所用的曲棍、球鞋、护膝、头盔等。

4.平地花式轮滑

平地花式轮滑与花样轮滑的区别主要体现在两个方面：第一，平地花式轮滑对场地没有严格的要求；第二，在平地花式轮滑中，无须进行旋转、跳跃等高难度动作。总的来说，平地花式轮滑的危险性小、适应性强，因而较为适合轮滑运动的初学入门者。

（四）轮滑运动的入门技巧

1.鞋的选择

选择轮滑鞋的第一标准就是合脚，鞋子既不能过大，导致脚在鞋中“晃荡”，也不能过小，限制脚的灵活性。轮滑鞋的皮质应稍硬一些，鞋跟要紧紧包裹住脚跟，以免磨坏皮肤。在前脚掌处最好保留一定的空隙，以使前脚掌能够在鞋内轻微活动。

此外，袜子的选择要以柔软、合脚为标准。鞋带的长度要适中，不可过长，否则容易将自己绊倒；在系鞋带时，要遵循松紧适度的原则，切忌系得过紧，影响脚部的血液循环。

2.站立与蹲屈

站立又称“站立姿势”。轮滑者在穿上轮滑鞋后，通常需要先在不够光滑的地面上学着站立，等到稍微适应后，再穿着轮滑鞋进入轮滑场地。对初学者而言，要想更好地维持平衡，就要保持如下的站立姿势：①身体直立，两肩平行，双臂在体侧放松；②两脚平行分开，与肩同宽；③目视前方，两腿伸直，膝关节自然放松，无须绷得太紧。

蹲屈是在站立的基础上形成的，其要求轮滑者双膝关节自然前屈，臀部后坐，收腹，背部放松，双臂自然下垂或在体前放松，以起到自我保护的作用。

3.蹬轮

蹬轮指的是轮滑者穿着轮滑鞋蹬地时所产生的向前滑进的动力。为了适应蹬轮感，初学者一般会先学习步幅较小的“踏步式”滑行，等到相对熟练后，再开始进行蹬轮练习。

在做蹬轮动作之前，要保持脚尖的“八”字外展，同时使膝关节微前屈。上半身要在微前倾的状态下保持自然、放松，双臂也要自然地放置于体侧前方。整个身体的重心要稍稍偏前，以防在摔倒时后仰，造成颅脑损伤、腕部骨折等。

（五）轮滑运动的注意事项

在参与轮滑运动的教学与训练时，为防止意外事故的发生，参与者应重点注意以下几点：第一，所穿服装应为长袖、长裤；第二，采用正确的练习姿势，注意上体的前倾和小腿的前伸，不可在滑行过程中出现身体伸展、后仰等动作；第三，要仔细检查场地，如发现木屑、烟头、沙石等杂物，必须及时处理干净；第四，必须穿戴好护具、头盔、防护手套等；第五，严禁在练习场上追逐、打闹，在场地附近要准备一些常用的外伤药品。

二、滑板运动

（一）滑板的发展历程

20 世纪 50 年代，居住在美国南加州海滩社区的居民发明了世界上第一块滑板。尽管这块所谓的滑板实际上只是一块被固定在类似轮滑的铁轮子上的木板（长 50 厘米、宽 50 厘米、厚 10 厘米），但因其能够给人们带来与冲浪相似的感受，因此仍然获得了人们的关注。

1962 年，由橡木多层板压制而成的板面和塑料轮子共同构成了第二代滑板，可惜这种滑板的性能同样不甚理想。一方面，塑料轮子过小的摩擦力导致滑板易在转弯时失控；另一方面，这种滑板的耐磨性较差，弹性也较小，任何微小的障碍物都有可能导致其骤停。

1973年，滑板爱好者弗兰克将聚氨酯轮子安装在自己的滑板上，意外取得了良好的效果，这就是第三代滑板的由来。这种轮子不仅耐磨，还能保持滑板在急转弯时的稳定性，对于地面上的微小障碍物（如石子、沙砾等），也能做到“视若无睹”。

20世纪80年代末，出于滑板运动自身发展的需要，同时也为了适应滑板爱好者双向滑行的需求，一种与前三代滑板形状完全不同的滑板开始出现，这就是如今常见的两头翘起、形状对称的第四代滑板。用于制作这种滑板的材料名为硬岩枫，其重量更轻、弹性也更好。

当前，国际极限运动比赛上常用的滑板主要由以下材料构成：①板面由多层（一般为五层、七层、九层不等）枫木板微波冷压而成，有些也用铝合金、碳纤维制作；②板面上粘有一层防滑层（俗称“砂”）；③轮子以聚氨酯为主要原料；④被称作“转向桥”的滑板支架由合金制成，与板面相连。

（二）滑板运动的文化价值

滑板运动凭借着崇尚自由的运动方式、体验与创造并存的感受，为滑板爱好者带来了强烈的愉悦感。与传统体育项目不同，滑板运动不被固定模式所约束，其魅力完全由滑行者通过发挥自身想象力，在运动的过程中创造出来的。滑板运动强调身心自由，崇尚与自然融合的运动理念，具有自我挑战性、观赏刺激性、高科技渗透性等特征。

（三）滑板运动的基本技术

1.滑行姿势

一般情况下，滑板爱好者都是以横行的方式前进的。但初学者在启动之时，最好先不要让身体与滑板呈横行状态，否则将很容易摔倒。对于左脚和右脚应该哪只脚在前这一问题，实际上并无标准答案，哪种站法都是合理的，只要适合自己即可。

2.滑行与转弯

在滑行和转弯时，滑行者主要需要注意以下几点：第一，面向前方，注意并非侧面向前；第二，前脚要踩在中间靠前的位置，后脚要放在与前脚平行的地面上并开始蹬地；第三，注意蹬地的脚不要太靠后，以免因重心后移而导致滑板“飞出去”；第四，在转弯时一般只需将板子压向一侧，便会自然转向，如果转弯幅度太大，也可由后脚翘起前轮来转。

（四）滑板运动的注意事项

在进行滑板运动时，滑行者应注意以下几点：第一，在使用前要先将轮子调整好，以使其能够自如地运转；第二，要根据自身需求，锁紧螺母，调整缓冲垫的弹性；第三，要定期给轴承注油，增加轴承的润滑性，以减少滑行时的阻力；第四，初学者最好先在角度较小的坡面上滑行，等到滑行水平有所提高，再开始尝试不同的坡度；第五，不要在潮湿、凹凸不平的路面上滑行，当预备跳下滑板时，要先观察是否会撞到人或物；第六，如有必要更换滑板的零件，应保证所更换的零件与原零件属于同一规格型号。

第四节　潜水与冲浪

一、潜水运动

潜水运动是一项以水下活动为主要内容，以锻炼身体、休闲娱乐为主要目的的休闲运动。下面将首先从发展历程、器材、种类等角度对潜水运动进行概述，而后分别介绍潜水运动的基本技术和进行潜水运动时需要注意的事项。

（一）潜水运动概述

1.潜水运动的发展历程

机械潜水（又称“头盔式潜水”）常被认为是当代职业潜水的前身，其最早出现在1854年的日本。1924年，人们开始用玻璃制作潜水镜，并借助泵来制作能够从水面上吸取空气的“面罩式潜水器”，这是水肺潜水器材的前身。第二次世界大战期间，人们发明了一种特殊军用的“空气罩潜水器”，其属于密闭循环式的构造，并附有空气瓶的装置。在此之后，法国人又发明了开放式的“空气潜水器”，这种潜水器在20世纪中叶普遍流行于欧美地区。

近年来，伴随着潜水器材的进步，潜水运动开始蓬勃发展，专业的潜水组织也开始应运而生。当前，世界上规模较大的潜水组织有世界潜水联合会、国际潜水教练协会、职业潜水教练协会等。

潜水运动作为一项费用相对较高的运动，之所以能够广受欢迎，主要是因为其不仅能够通过奇妙的水下世界带给人们美好的精神享受，还有利于改善人体的心肺功能，水对人体的均衡压力有益于人体的血液循环，在水下长时间吸氧能够在一定程度上杀死癌细胞、抑制癌细胞的扩散，因此，在部分国家（如美国、日本等），潜水运动甚至被当作治疗癌症的辅助手段。

2.潜水运动的器材

潜水运动中所需的器材及其作用如表 8-4 所示。

表 8-4　潜水运动的器材及作用

器材名称	作用
潜水衣	保持身体温度，防止擦伤、碰伤
面镜	带领人们欣赏水中世界的“窗户”
蛙鞋	使游动不再费力
水肺气瓶	供水中呼吸之用
调节器	将水肺气瓶中的空气降低到可用的程度
综合仪表	使时间、深度、温度、方向、空气供应量等一目了然
浮力调整装置	确保人不管潜至哪种深度，都可保持中性浮力

3.潜水运动的种类

按照不同的分类依据，可将潜水运动划分为不同的类型，常见的分类依据主要是按照潜水器、潜水方式、呼吸气体种类等的不同来分类，具体如图 8-1 所示。

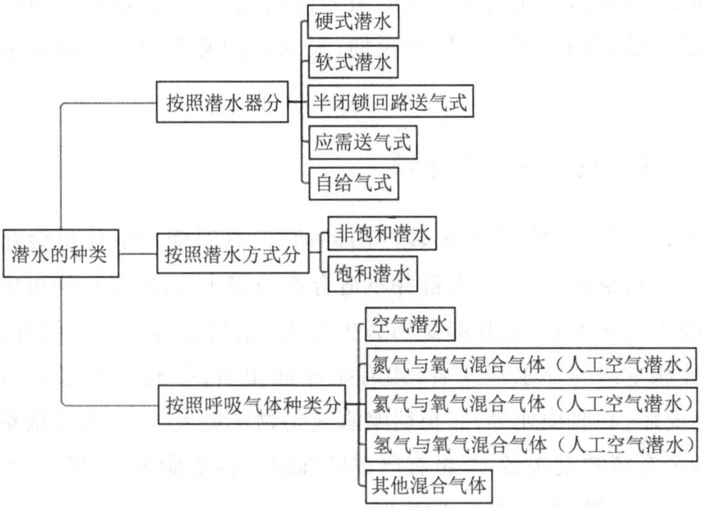

图 8-1　潜水运动的种类

(二)潜水运动的基本技术

1.潜水前的学习内容

对潜水初学者而言，首先要学习的内容主要有呼吸管与调节器的使用方法、水面休息方法、紧急情况处理方法等，除此之外，在正式潜水之前，潜水者还要反复检查装备的功能是否正常，并且要与同伴进行相互检查，以确保潜水装置的安全性。

2.入水的姿势

潜水常用的入水姿势主要有四种：一是正面直立跳水，要求水深在 1.5 米以上，双脚要前后开立，一只手按住面罩，另一只手按住空气筒背带；二是背向坐姿入水，要求面朝里坐在船帮上，向后仰面入水；三是正面坐姿入水，这种入水姿势一般适用于初学者；四是侧身入水，要求在橡皮艇上浮卧滚身入水。

3.潜水时节省用气的技巧

在潜水过程中，潜水者要想节省用气，可根据自己的实际情况来参考以下技巧：第一，做好中性浮力调节，保持身体动作的放松，以减少多余运动对空气的消耗；第二，保持呼吸的平缓，确保可摄取的空气都能发挥作用；第三，正确使用脚蹼，避免因抵抗水的阻力而白白消耗空气；第四，保持体温，防止体温过低；第五，平日里要少吸烟，吸烟者的肺部对空气的需求量往往更大。

（三）潜水运动的注意事项

潜水运动是一项受众范围较广的运动，但其对受众群体仍会存在一定的要求。一般情况下，下列人群并不适合参与潜水运动：①接受过中耳手术或眼角膜手术的人；②有肺部受伤病史的人，尤其是自发性气胸者；③肺泡有先天性憩室或肺部水泡病者；④有癫痫病史者；⑤有心脏冠状动脉疾病者，如心绞痛、心肌梗死等；⑥长期酗酒或药物成瘾者；⑦胰岛素依赖型糖尿病患者；⑧有精神疾病者；⑨患有严重肺部阻塞性疾病者，如哮喘、慢性肺气肿等；⑩经常性晕倒，且原因不明者。

由于存在上述问题的人通常无法承受过大的运动压力，容易发生危险，因此不适合参与潜水运动。如果上述人群对大海确实心存向往，那么也可以考虑在能见度较好的地方学习浮潜。

二、冲浪运动

冲浪运动是指运动员站在冲浪板上，或利用划艇、皮艇、充气的橡皮垫等工具来驾驭海浪的水上运动。这项运动不仅要求运动员拥有强大的平衡能力，还需要其能够在风浪中进行长距离的游泳。下面将先对冲浪运动作出概述，而后分别介绍冲浪运动的分类和注意事项。

（一）冲浪运动概述

冲浪运动以海浪为动力，必须在有风浪的海滨区域才能进行，且海浪的高度一般要在 1 米左右，最少也不能低于 30 厘米。作为世界冲浪运动发展中心的夏威夷群岛，其有着适合常年开展冲浪运动的海浪，尤其是在冬春季从北太平洋涌来的海浪，有时甚至能够高达 4 米，推动着运动员滑行 800 米以上。

在冲浪运动发展初期，人们常用的冲浪板大多长 5 米左右，重 50～60 千克。而如今人们所用的冲浪板大多轻且平，长 1.5～2.7 米，宽约 60 厘米，厚 7～10 厘米，为了增加摩擦力，一般还会在板面上涂上一层蜡质的外膜，但即便如此，新型冲浪板的重量也只有 11～26 千克。

冲浪运动是一项相当惊险的运动，即使是十分熟悉水性且拥有良好平衡能力的人，也无法保证自己不会发生危险。因此，伴随着冲浪运动的发展，冲浪救生活动也开始迅速发展起来。

（二）冲浪运动的分类

冲浪运动一般分为长板冲浪、短板冲浪两种。其中，长板冲浪属于一种常见的比赛项目，短板冲浪则多见于初学阶段和提高技术的练习中。除此之外，还有一种无须借助冲浪板、仅依靠身体挺直浮在波浪上、通过划动四肢来控制方向的冲浪形式，被称作“人体冲浪”。

（三）冲浪运动的注意事项

在冲浪过程中，为确保生命安全，冲浪者必须充分重视以下几点：第一，不同冲浪者在海上的距离要保持至少两个冲浪板的长度；第二，下水前要注意检查装备，尤其是救生衣和安全绳；第三，进行大约 20 分钟的暖身运动后，才可下海冲浪；第四，在海上冲浪中如看到水母，或被水母咬到，须立即上岸；第五，如果在冲浪过程中被海浪卷下冲浪板，要先将身体最大限度地蜷缩起来，再从冲浪板后面跳落水中，从水中踩水上来时，要让手先露出水面；第六，要在涨潮时冲浪，不可在退潮时下海冲浪。

第五节　漂流与滑雪

一、漂流运动

漂流运动既是极限运动中的一种，也是奥运会的运动项目之一。下面先对漂流运动的发展历程加以梳理，而后对漂流运动的相关知识进行介绍。

（一）漂流运动的发展历程

漂流运动最早源于爱斯基摩人的皮船和我国古代的竹筏，但当时只是为了满足人们基本的生存需要。直到第二次世界大战结束后，漂流才开始作为一项户外运动逐渐发展起来。与其他野外运动项目相比，带有娱乐性质的漂流运动相对安全，但也难防湍急的激流和暗藏的礁石，因此，每一位漂流者都会准备一些较为专业的安全装备。

一般认为，我国的漂流运动起源于长江探险漂流、雅鲁藏布江科考漂流等具有探险性质的体育活动。2000 年 8 月，内蒙古海拉尔市举办了首届中国漂流大赛，各种群众性、自发性的漂流探险活动更是不计其数。伴随着这种发展趋势，越来越多的年轻人开始热衷于漂流运动。

（二）漂流运动的基本知识

1.漂流的种类

漂流运动一般分为自然漂流、操控漂流两类。

自然漂流一般在水流较浅且较为平缓的河道中进行，其目的在于让漂流者自由享受漂流活动，因此，漂流活动主办方只负责为漂流者提供必要的漂流艇、划桨等设备，并在沿途中的各个要害点上加以监督与保护，其余时间则完全由漂流者自行支配。

操控漂流则是指由操控漂流艇的船工对漂流过程进行控制，漂流者须在船工操控下漂完全程的漂流活动。从某种意义上来讲，操控漂流中的漂流者，其身份更偏向于“乘客”。

2.漂流的装备

必要的漂流装备是参与漂流活动的前提条件。漂流装备的种类有很多，下面简单介绍几种常用的单人装备，具体如表 8-5 所示。

表 8-5　常用的漂流装备及其作用

装备名称	作用
防水上衣	避免漂流者受到来自河里四溅的冷水的侵扰，陷入又冷又湿的状态
漂流手套	①能够保护手不起水泡，同时使划桨动作更加有力； ②在炎热的天气中，漂流手套是不必要的
背包	保持包内物品干燥

续表

装备名称	作用
水上运动头盔	保证人身安全，避免漂流过程中的高空坠物
收口包	可盛放大量物品，且不占地方
漂流靴	①厚约3毫米的氯丁橡胶靴垫能够使双脚在冷水中依然保暖； ②耐磨的靴底能够使双脚在岩石地上得到充分保护
救生衣	①防止漂流者溺水； ②尽量选择肩腰两侧均可调节、腋部开口宽松、穿着舒适的救生衣

3.漂流初学者易犯的错误

部分缺乏经验的漂流初学者在漂流过程中常常会出现一些错误，为确保自身的人身安全，漂流者必须对这些易犯的错误加以重视，具体如下：①握桨方式不正确；②拉桨时屈臂过早；③拉桨时桨叶仍在水中跳动；④划单桨时，双肩高低不平；⑤推桨过猛，无法正确把握划桨节奏；⑥桨叶扬得过高；⑦拉桨后，上体反弹或前倾。

二、滑雪运动

（一）滑雪运动概述

滑雪运动是一项需要人们手持滑雪杖、脚踏滑雪板，在雪面上滑行的运动。按照滑雪的条件与目的，可将滑雪运动划分为三种类型，一是实用类滑雪，二是竞技类滑雪，三是娱乐类滑雪（或称“健身类滑雪”）。其中，竞技类滑雪因具有强烈的竞争性与专项性，对滑雪者提出了十分严苛的要求，故而并非普通人所能驾驭；相比之下，娱乐类滑雪以休闲、健身为目的，基本不会受到人为因素的制约，受众范围会更加广泛。

滑雪运动发展至今，具体项目正在不断增多，涉及领域也在不断拓宽。当前，世界比赛中正规的滑雪项目主要有高山滑雪、越野滑雪、跳台滑雪、自由式滑雪、雪上滑板滑雪等，其中每一大项又包含若干小项。在诸多滑雪项目中，高山滑雪因具有惊险、优美、动感强、可参与面广等特点，而被视作滑雪运动的精华与象征，进而演变为娱乐类滑雪中的主体项目。

（二）滑雪运动的基本技术

1.滑降

滑降是滑雪的基础，也是在高速运动中把握重心的关键。具体来讲，滑降要求滑雪者选择一个较长的缓坡，在穿戴好滑雪板之后，身体微蹲，双脚均匀地承受体重，在两个滑雪板并行的基础上，直线朝坡下加速滑行。

2.犁式滑降

当滑雪者在滑降过程中能够很好地把握身体重心时，便可以开始学习犁式滑降了。滑雪者要将两个滑雪板向后推出，呈内“八”字，双脚平均承受体重，用两个滑雪板的内刃卡住雪面，继而向坡下直线滑行。在这一过程中，两个滑雪板的角度越大，阻力也就越大，滑行速度也就越慢，因此，犁式滑降技术主要用于滑降过程中的减速与停止。

3.半犁式滑降

所谓半犁式滑降，即两个滑雪板的其中一个运用的是直线滑降技术，另一个则以犁式滑降的状态向下滑行。在滑行过程中，滑雪者需要不断变换左右脚的姿势，但重心必须始终保持在呈直线滑行姿势的那只脚上。

（三）滑雪运动的器材选用

常用的滑雪器材主要有滑雪板、固定器、滑雪靴、滑雪杖等。

滑雪板一般由弹性板材、板芯、高分子底板、边刃、玻璃纤维复合材料等构成。在选择滑雪板时，其长度最长不能超过滑雪者手臂上举时的手腕，最短则不能低于胯部。对初学者而言，长度为“身高＋5 厘米”的滑雪板是最合适的。

固定器是连接滑雪板与滑雪靴的重要部件，对滑雪者的人身安全起着关键性的保护作用。

滑雪靴包括内、外两个部分，靴子的外壳坚硬、不易变形，内部则由化纤织物与保暖物构成。适合的滑雪靴尺寸应符合两个条件：第一，脚趾能够在靴中自如运动；第二，脚掌、脚背、脚跟、脚弓应能被紧紧裹住。

滑雪杖的选择通常参考的是滑雪者手臂下垂后，肘部与地面之间的距离。初学者可选择稍长一些的滑雪杖。滑雪杖上一般都会附有佩带，为的是能够将其套在手腕上，以防脱落。

(四)滑雪运动的注意事项

在滑雪过程中，滑雪者应重点注意以下问题：第一，提前了解滑雪道的长度、宽度、高度、坡度、走向等；第二，应合理判断自己的水平，并以此为依据选择合适的滑雪道；第三，在滑行过程中，一旦感受到了滑雪器材的异常，就要立即停下，不可抱有侥幸心理；第四，结伴滑行时，彼此之间要保持一定的距离，切忌为追逐同伴而急速滑降；第五，如果在滑行途中失控跌倒，应立即降低重心向后坐，要避免头部朝下；第六，如发现有人受伤，不可随意搬动伤者，而要向滑雪场的管理人员及时汇报；第七，滑雪服的颜色应尽量鲜艳，或与雪面形成较大反差，以便于其他滑雪者辨认、绕行，以免相撞；第八，视力不佳的滑雪者在滑雪时不要佩戴隐形眼镜，因为隐形眼镜一旦掉落，基本没有找回的可能，滑雪者最好佩戴由树脂镜片制成的边框眼镜，这样即使受到撞击，眼镜也不易碎裂；第九，备好充足的御寒衣物。

第六节　滑翔伞与热气球

一、滑翔伞

滑翔伞是一种无动力飞行的形式，其原理与滑翔机类似。在无风的1000米高空利用滑翔伞进行滑翔，航程可长达9000米。下面将在对滑翔伞进行概述的基础上，分别介绍滑翔伞的基本构造与必要装备，并指出滑翔伞练习过程中的注意事项。

(一)滑翔伞概述

滑翔伞的出现最早可追溯至20世纪70年代初的欧洲。在那时，有一群登山者乘着降落伞从山上滑翔而下，体会到了一种前所未有的美好感觉，故而以此为灵感，创造出了滑翔伞这样一个新兴的航空体育项目。飞机跳伞所使用的翼型方伞是滑翔伞最初的设计来源，这种伞以下降为主要功能，因而下降速度快，安全性能也较好。经过数十年的发展，如今的滑翔伞可飞行14个小时以上，且最远的飞行距离长达300千米。

20世纪80年代末，滑翔伞传入我国，并迅速发展起来。滑翔伞在我国的发展历程如表8-6所示。

表8-6 滑翔伞在我国的发展历程

时间	事件
1984年4月	①南京宏光空降装备厂研制出了我国首个山坡滑翔伞； ②中国民间山坡滑翔伞运动协会成立
1984年10月	首批滑翔伞运动员的培养工作被提上日程
1989年	中国航空运动协会悬挂滑翔委员会成立，负责滑翔伞的组织与发展工作
1990年	我国首部滑翔伞训练教材《山坡滑翔伞》出版发行

(二)滑翔伞的基本构造

滑翔伞一般由四部分构成，分别是翼型伞衣、伞绳、背带系统、操作系统。在此基础上，为了便于滑翔伞的保存与携带，每个滑翔伞都会配有一个背式包装袋。下面对滑翔伞的四大基本构造进行简要介绍。

1.翼型伞衣

翼型伞衣即通常所说的“伞翼”，其是滑翔伞产生升力、承受载荷的主要部件。伞翼的形状、面积、与气流的相对速度等，均会影响到升力的产生。

翼型伞衣主要由上翼面、下翼面、翼肋构成，正是上下翼面与翼肋的缝合，才使得伞翼形成了特定的形状。在翼肋上的不同部位，均开有不同大小、数量不等的圆孔，这些圆孔的作用在于使各气室间的空气沿着翼展方向流动，进而使伞翼内部的压强得到平衡，避免伞翼因受力不均而塌陷。

2.伞绳

伞绳的作用主要体现在以下几个方面：第一，连接伞衣与背带系统，使滑翔伞成为一个整体；第二，使滑翔伞在飞行过程中仍能保持原有的翼面形状；第三，作为一个传力部件，飞行员可以通过伞绳对滑翔伞实施有效操控。

伞绳由前到后一般可分为三组或四组，上端位于伞衣下翼面与翼肋的缝合部位，与伞衣相连接，下端是由可卸金属环与操纵带相连的翼面形状确定的。确定伞绳的长度，主要依据的是操纵的稳定性、保持引角最佳位置等。

3.背带系统

背带又称"吊带"或"座带"，指的是用于固定飞行员身体、能够与整个伞翼系统相连接的承力部件，主要由主套带、肩带、胸带、腰带、腿带、金属环扣、快卸锁等构成。

背带具有良好的人体防护功能，具体体现在对脊柱、背部、骨盆的保护上，能够有效防止人体在起飞或着陆时被拖拽受伤，或碰撞到障碍物。

4.操纵系统

操纵系统主要由操纵带、操纵绳、操纵圈构成。以伞衣中心线为对称轴，整个操纵系统呈对称分布，左、右操纵带的上端与伞衣的后缘相连接，下端则穿过后操纵带上的滑轮与操纵套圈相连接。操纵带的作用不仅限于连接伞绳，还包括加速、减速等。

(三)滑翔伞的必要装备

在进行滑翔伞飞行时，除了伞体本身，飞行员还需准备一些必要的装备，以全面保障自身的安全，具体如表 8-7 所示。

表 8-7　滑翔伞的必要装备

装备名称	简介
飞行服	①必须准备滑翔伞专用的飞行服； ②飞行服的作用：练习时，可自由进行激烈活动，飞行时，可用来保护身体； ③即使在夏天，也要尽可能减少暴露在飞行服之外的身体部位
套带	①吊在伞下的一条用来连接滑翔伞与飞行员的带子； ②以飞行员的体重为选择依据

续表

装备名称	简介
安全帽	①在起飞或着陆时，用于保护头部的必需装备； ②不能妨碍飞行员聆听风声、周围的声音、地面人员的引导等
鞋子	应以质轻坚固为选择原则
手套	夏季选择薄且耐用的手套，冬季选择滑雪手套
护目镜	配戴隐形眼镜的人，尤其需戴护目镜
仪表	①包括风速仪、高度仪、升降仪等； ②在初学阶段，只需配备风速仪
紧急伞	①又称“备用伞”，主要用于应对热气流盘旋或高飞行时的突发情况； ②尺寸应根据飞行员的体重来确定

(四)滑翔伞的注意事项

有关滑翔伞运动的注意事项，主要集中在以下几点：第一，初学者最好在宽广且没有障碍物的平地上进行练习；第二，如果风力较大，初学者不宜直接进行滑翔伞练习，而应通过拽、引等方式来感受风速、风压，以初步熟悉滑翔伞的操纵；第三，在越野飞行之前，应与场地负责人或所属区域队长保持联络；第四，不要轻易改造伞形。

二、热气球

热气球是一项利用空气受热膨胀的原理，来使气球升空，继而实现人类在空中“翱翔”的心愿的运动。热气球的球体色彩绚丽，具有极强的视觉冲击性，很容易吸引人们的注意力。下面将对热气球运动进行详细介绍。

(一)热气球概述

热气球从产生到传播至我国的过程大致如表 8-8 所示。

表 8-8　热气球的发展历程

时间	事件
18 世纪	法国的蒙戈菲尔兄弟受到碎纸屑在火炉中不断升起的启发，进行了用纸袋聚热气，使纸袋随着气流不断上升的实验
1783 年 6 月	蒙戈菲尔兄弟在广场上进行公开表演，使一个圆周为 110 英尺的模拟气球升空，并飞行了 1.5 英里
1783 年 9 月	蒙戈菲尔兄弟在凡尔赛宫前为宫廷中人和巴黎市民进行了热气球的升空表演
1783 年 11 月	蒙戈菲尔兄弟在巴黎穆埃特堡进行了首次载人空中航行，热气球在飞行了大约 25 分钟后，降落在了意大利广场附近
20 世纪 80 年代	热气球引入中国
1982 年	《福布斯》杂志的创始人福布斯先生以热气球为主要交通工具，同时辅以摩托车旅游，来到中国

热气球因其具有庞大的体积、艳丽的色彩而产生了独特的广告效应。不少跨国公司都组建有本企业的热气球队，以期通过参加各项活动和各种比赛，来达到提高企业影响力、宣传企业产品的目的。另外，世界各国有很多城市都会定期举办“热气球节”，为的是能够推动旅游产业及相关产业的发展，进而促进当地经济的高速发展。

（二）热气球的构成要件

热气球通常由球囊（包括球皮）、吊篮、加热装置、测量仪器构成，具体如表 8-9 所示。

表 8-9　热气球的构成要件

构成要件	简介
球囊（含球皮）	①球皮是由强化尼龙或涤纶制成的，质量轻，但十分结实； ②球囊是不透气的
吊篮	①由藤条编制而成，在着陆时起到缓冲的作用； ②在吊篮的四角位置会放置四个专用的液化气瓶； ③吊篮内一般还装有各类飞行仪表，如温度计、高度计等

续表

构成要件		简介
加热装置	燃烧器	①点火燃烧器是主燃烧器的“火种”； ②备用燃烧系统是为了防备空中可能出现的故障
	燃料	①常用燃料是丙烷或液化气，气瓶被固定在吊篮内； ②一个热气球一般能够运载20千克的液体燃料
测量仪器		①高度计：显示高度的仪器； ②升降速度表：显示上升速度、下降速度的仪器； ③温度计：显示球囊内空气温度的仪器

（三）热气球的基本知识

1.起飞

要想使一个热气球升空并起飞，一般需要经过四个步骤：①在地上将球囊铺展开来；②把球囊与吊篮连接在一起；③用一个小型鼓风机，将风吹入球囊中；④将火点燃，加热球囊内的空气，等到热空气能够使气球升至垂直于吊篮的位置时，气球就会立起，此时便可起飞。

2.速度

热气球飞行速度的快慢主要是由风速决定的，这是因为热气球本身并无动力系统，故而只能“随风而行”。一般来说，热气球的最大下降速度是6米/秒，最大上升速度则是5米/秒。

3.最佳飞行时间

一般情况下，在太阳刚刚升起时，或者太阳下山前的1～2小时是最适合热气球飞行的时间。在这一时段，风往往都很平静，气流也相对稳定。

4.飞行持续时间

通常来讲，一个热气球内如果装有充足的丙烷或石油液化气，持续飞行2小时是基本没问题的。不过除了燃料，还有一些其他因素有时也会影响飞行的持续时间，如气温、风速、吊篮的重量、乘客的体重等。

（四）热气球的注意事项

在热气球运动中，最需要关注的安全因素就是气象因素。在我国，热气球的飞行必须符合以下气象标准：第一，自由飞行的能见度不得小于1.5千米；第二，夜间飞行风速不可大于3米/秒；第三，飞行区域内无降水。

对于热气球起飞、着陆的场地，我国也提出了明确的要求：第一，地形要平坦、开阔；第二，场地面积不得小于40米×40米；第三，进场方向上无高压线及影响起飞、进场的障碍物。

除此之外，热气球飞行参与者还需注意以下两点：第一，当有多个热气球同时飞行且排列较为密集时，上升速度与下降速度均不得超过1米/秒；第二，热气球上的人员均不得穿着由尼龙、化纤制成的易燃、易起静电的服装。

第七节　定向越野与野外生存

一、定向越野

定向越野是一项起源于瑞典、由军事体育活动演变而来的户外体育运动项目。"定向"一词最早出现于1886年，指的是在地图与指北针的帮助下，穿越不为人知的地带的行为。

作为一项需要高度发挥个人智慧的活动，定向越野的价值主要体现在以下几个方面：第一，活动内容丰富且充满趣味性；第二，能够使人们体会到与大自然合二为一的感受；第三，强调智力与体力并重，不仅有利于强身健体，还能培养人独立思考、克服困难的能力。

下面将对定向越野所依托的场地、设备以及相应的比赛规则进行简单介绍。

(一)场地

1.比赛区域选择

比赛区域对定向越野的难度与所需时长具有较大的影响,因此,对比赛区域的选择必须遵循一定的要求,具体如下:第一,比赛区域必须是所有选手都不熟悉的,以免赛区当地的选手占据优势;第二,定向越野比赛的常选区域有植被适度的森林、地形变化多样的有限通视地域、人烟稀少的地区等;第三,如果定向越野活动的规模不大,也可就近选择城市公园、近郊区、未长成的田地等作为比赛地点。

2.起点与终点

定向越野的起点与终点一般是在同一位置,这样便于比赛的组织管理工作。起点与终点往往需要设置在地势平坦、面积较大的开阔区域,尤其是作为终点通道的地段,更应足够平坦且视野开阔,否则将不利于裁判员的观察、判断。

3.比赛路线

定向越野的比赛路线通常设计为环形,距离则是根据从起点经过各检查点再到终点的图上最短水平距离计算的,因此只能做到相对准确,却无法计算出绝对精确的距离。总的来说,比赛路线的距离需要根据参与者的水平和比赛时间来定,每两个检查点之间的距离最好保持在500～1000米。

(二)设备

在定向越野中,参与者需要用到的基本设备(包括对参与者着装的要求)如表8-10所示。

表 8-10　定向越野所需的设备

设备名称	特征/要求
号码布	①布的面积一般为 24 厘米×20 厘米,号码数字的高度不低于 12 厘米; ②字迹清晰,字体工整; ③号码布要佩戴在前胸处或后背处
指北针	①一般由组织者提供,如果需要自备,通常会对指北针的性质、类型作出详细规定; ②由透明有机玻璃材料制成
检查卡片	①用于判定参与者的成绩; ②用厚纸片制作而成,分为主卡和副卡,主卡由参与者携带,副卡交由工作人员留底,以供公布成绩时使用; ③尺寸一般为 21 厘米×10 厘米
地图	①幅面根据比赛区域的大小而定,比例尺一般为 1∶15000 或1∶12000; ②要借助颜色、符号等来区分通行的难易程度
检查点标志	由三面标志旗连接而成,标志旗的尺寸为 30 厘米×30 厘米,并要沿对角线分开,旗上应有编号
点签	①是参与者到达指定位置后的凭据; ②样式丰富,以印章式、钳式为主
服装	①衣裤以紧身且不影响呼吸、运动为宜; ②鞋子要防水、轻便,既柔软又结实,鞋底花纹最好是高凸深凹的齿

(三)比赛规则

1.基本规则

定向越野的基本规则大致如下:①在比赛前,参与者会被带到报到处办理登记手续,同时领取号码布,其在会场内也能查到关于比赛的资料;②参与者要在出发前 10 分钟左右抵达出发区。如因个人原因迟到,所损耗的时间将不予弥补;③完成任务后,计时员会将参与者抵达的时间记录下来,同时收回地图，参与者在到达终点后也要迅速离开，以免妨碍后来者；④参与者可通过布告栏查阅成绩，如有异议，须在成绩公布后的5分钟之内提出。

2.犯规行为

在定向越野的过程中，下列任意一项行为都将被视作犯规，参与者将被取消比赛资格：①有意妨碍他人比赛；②蓄意损坏点签等比赛设备；③在比赛中乘坐交通工具前进；④未通过全部检查点，且伪造点签图案。

3.违例行为

在定向越野的过程中，下列任意一项行为都将被视作违例，参与者将根据违例程度，获得包括警告、降低成绩、成绩无效、取消比赛资格等在内的不同处罚：①提前取图，抢先出发；②接受他人的帮助或为他人提供帮助，如指路、使用点签等；③从对手的技术中获利，如与对手同行或悄悄跟随对手；④未按照规定佩戴号码布；⑤在比赛之前勘察过路线。

二、野外生存

（一）项目简介

野外生存又称“野外生存生活训练”，指的是在远离居民区的野外环境（如丛林、高原、孤岛等）中，在无法完全依靠外部来提供生存物资的情况下，凭借个人或集体的力量来维持生命、健康生活的训练方式，包括登山、野营、负重行军、穿越丛林等多种形式，具有极强的挑战性与趣味性。

参加野外生存活动，不仅有利于人们挖掘自身潜能，使人们重拾直面困难、挑战自我的勇气，还能够激发人们的环境保护意识，使人们深切感受到保护自然的重要性。此外，野外生存还能充分展现出团队的合作精神，并激发出个人的创造性，这也是这项活动虽然存在一定风险，但仍深受人们喜爱的原因之一。

（二）准备工作

1.全面准备

通过野外生存活动来锻炼自我、磨炼意志是一件值得鼓励的事情，但如果在此过程中使自己陷入险情，则得不偿失。要想将活动风险降至最低，野外生存参与者就要做好全面的准备，具体如下：①提前做好体检工作，慢性疾病患者应咨询医生，备好所需药品；②以自身能力为依据来制定活动计划，不可好高骛远，而要量力而行；③在活动过程中，如果根据种种迹象感知到前方会有危险，应立即取消行程，不可存有侥幸心理；④在出发之前，要将行程与计划告知家人、朋友，学生还应上报学校。

2.需要携带的物品

在野外生存的过程中，参与者必须准备充分的物资，以免因物品携带不足而使自己陷入困境。一般情况下，野外生存中必备的物品主要包括以下几类，具体如表 8-11 所示。

表 8-11　野外生存中的必备物品

种类	物品名称
个人装备	①背包、毛巾、牙膏、牙刷、梳子、镜子、肥皂等； ②御寒衣物、雨衣、登山鞋、手套、太阳镜、防风镜等； ③水壶、杯子、塑料袋、铝箔等
宿营设备	帐篷、睡袋、防潮垫、充气枕等
烹调设备	饭锅、饭盆、勺子、调料、燃料等
自备食品	巧克力、口香糖、营养素等
技术装备	地图、指南针、对讲机、照相机、望远镜、放大镜、温度计、手电筒、备用电池、救生衣、瑞士军刀、安全带、绳索等
求生盒	纱布、绷带、棉花、创可贴、碘酒、体温计、感冒药、止疼药、消炎药、针线包、打火机、防潮火柴等

在备好上述物品的基础上，参与者还要注意以下几点：第一，在打包时要将物品合理地分类放置，以便于物品的取放；第二，最好将物品用塑料袋装好后，再将其放入背包；第三，尽可能地选择防水性能好的背包。

(三)相关知识

野外生存是一项十分考验参与者知识储备的活动,为确保活动的顺利进行与自身的生命安全,野外生存参与者至少需要掌握以下几个方面的知识。

1.气象知识

在开展野外生存活动时,最容易成为不确定因素的当属变幻莫测的天气。人们一方面要对天气预报多加关注,另一方面也要学会根据自然界的变化来判断天气,如远山可见表示天晴、近山模糊表示有雨、夜间闷热次日容易变天等。借助气压高度计等设备来预测天气,也不失为一种有效的方法。

2.方向判别方法

为防止在野外生存的过程中迷路,人们必须掌握判定所在位置与方向的基本方法。除了指南针等设备外,通过日影、地物、植物的特征来辨别方向也是具有一定的科学依据的,例如,一般阴坡(北侧山坡)的低矮蕨类、藤本植物等都会比阳坡发育得更好,植物向阳面的枝叶较为茂盛,向阴面的树干易长苔藓等。

3.山间危险防护常识

所谓山间危险,一般指的是在野外活动中,所发生的一切有可能威胁到人身安全的自然现象,如雪崩、滚石、泥石流等。下面将对此进行简单介绍。

(1)雪崩。雪崩一般发生在大雪过后的2～3天,且易发生在上午10点至下午2点,因此,在下雪期间或雪后一两天内,要避免靠近陡斜的坡面和雪堆。一旦遇上雪崩,要先甩脱背包,再将冰镐插入坡面并尽力握牢,以防身体坠滚。

(2)滚石。滚石是指在风力、重力的作用下,从山下滚落下来的破碎石块。滚石区的下方往往存在大量的堆积物,且堆积物(尤其是棱角锐利、表面新鲜的堆积物)的表面基本都会留有滚石经过的痕迹。滚石现象多发生在缺少植物覆盖且坡度较陡的区域,同时常见于高温季节或每日的高温时段。一旦遇上滚石,人们需要利用附近的巨大石块进行躲避。

(3)泥石流。当高山湖或冰川的湖岸发生塌方时,湖水中夹杂的大量泥沙和石块就会呈泥浆状流泻下来,从而形成泥石流。与雪崩相比,泥石流的来势未有那般迅猛,因此人们不必过度惊慌,只需在休息时提高警惕,同时注意勿将宿营位置安排在泥石流容易经过的通道上即可。

第九章　休闲体育产业的运作与管理

休闲体育产业是指与体育活动密切相关的产业领域，包含体育产品与体育服务，以及与这些产品、服务相关的经营活动等。对休闲体育产业进行科学的运作与管理，是推动休闲体育不断发展的重要途径。本章将以休闲体育产业的三大重要分支——体育健身休闲产业、体育旅游产业、体育赛事产业为例，探讨休闲体育产业运作与管理的相关内容。

第一节　体育健身休闲产业的运作与管理

体育健身休闲产业是体育休闲产业中最为重要的组成部分之一，其在促进体育经济发展水平提高、推动体育产业发展等方面发挥着重要作用。本节将在阐述体育健身休闲产业的概念与特点的基础上，分别分析我国体育健身休闲产业的发展历程与发展现状，并据此提出有利于体育健身休闲产业运作与管理的策略。

一、体育健身休闲产业的概念与特点

（一）体育健身休闲产业的概念

体育健身休闲产业是一个以体育为介质，兼具健身、娱乐、休闲等基本特征的企业与组织的集合，其主要职责在于为消费者提供有利于增强体质、提高健身水平的产品与服务。体育健身休闲产业所提供的产品与服务主要集中在体育健身锻炼、健身技能培训、运动营养咨询、体育康复与医疗等方面。

体育健身休闲产业可分为营利型与公益型两大类。营利型体育健身休闲产业通常以体育健身为经营范围，其目标在于实现经济利益的最大化，体育健身俱乐部是其最常见的组织形式。公益型体育健身休闲产业以满足广

大群众的基本体育需求为宗旨，由政府或非营利组织构建的全民健身工程、体育健身指导站是其主要组织形式。

（二）体育健身休闲产业的特点

1.关联产业较多

体育健身休闲产业作为体育产业中覆盖人群较多、提供服务产品较多的分支产业之一，与其他产业之间具有极大的关联性。体育用品制造业、餐饮服务业、体育建筑业等均属于体育健身休闲产业的关联产业。

2.劳动密集

从产业性质来看，体育健身休闲产业更加倾向于劳动密集型产业。所谓劳动密集型产业，指的是那些在生产产品、提供服务的过程中，对劳动力的依赖程度较高、资本构成水平较低、体力劳动占据较大比例的产业。总的来说，体育健身休闲产业是符合劳动密集型产业的基本特点的，这也是其能够为人们提供大量就业机会的原因之一。

3.发展前景广阔

体育健身休闲产业作为一个“朝阳产业”，其必然会随着社会经济的发展而具有蓬勃、持续的生命力，这主要是基于以下两点原因：第一，随着社会文明程度的不断提高，越来越多的人开始注重提升生活质量，也开始更加关注健身、养生等问题；第二，就目前而言，我国公共体育产业的种类与数量尚不足以满足人们不断增长的体育需求，需要相关产业进一步加大发展力度。

二、我国体育健身休闲产业的发展历程

改革开放以来，随着人们思想的解放，人们的个性也逐渐呈现出多元化的发展趋势，这为体育健身休闲产业的发展奠定了思想基础。20 世纪 80 年代初，我国体育健身休闲产业开始获得初步发展，时至今日，这种发展可谓达到了“突飞猛进”的程度。根据我国体育健身休闲产业在不同时期的发展水平，可将其发展历程大致分为三个阶段，具体如下所述。

（一）萌芽阶段（1980～1991 年）

1978 年，中共十一届三中全会的召开使我国的工作重心转移到了经济

建设上，在此之后，国家体育系统开始兴办体育产业，这为体育健身休闲产业的萌芽提供了政策支持。

20世纪80年代初，有氧健身操传入我国，并在短时间内迅速流行起来，参加体育健身休闲活动的人数越来越多，健身休闲项目也逐渐变得多元化且富有针对性，如青少年可以跳街舞、滑旱冰，老年人可以打太极拳。鉴于人们对体育健身场地、体育健身指导的需求量越来越大，与之相对应的场地租赁、健身知识普及等服务应运而生。这些服务的出现，标志着我国体育健身休闲产业进入了萌芽时期。

(二)培育阶段(1992～2001年)

1992年1月，邓小平同志提出了建立社会主义市场经济的伟大构想，这为体育健身休闲产业的发展奠定了经济基础。1992年6月，由中共中央、国务院颁布的《关于加快发展第三产业的决定》将体育产业划归到第三产业的第三层次，这是体育健身休闲产业能够获得进一步培育的政策依据。

在这一时期，我国的对外交流逐渐增多，现代休闲体育理念也在我国得到了广泛的传播，台球运动、高尔夫运动在我国的兴起使一些消费层次较高的体育项目开始进入休闲健身领域。私营、集体、外资、中外合资等多种投资主体并存，高、中、低档体育服务产品共同竞争的市场格局，以及单店经营、连锁经营等多元化的经营模式，均标志着我国体育健身休闲产业发展框架的基本形成。

(三)成长阶段(2002年至今)

2001年7月，第29届奥运会的成功申办极大地激发了我国人民的体育热情。2003年6月，国务院通过了《全民健身条例》，设立了“全民健身日”，这些举措都有力地推动了我国体育产业的发展。2008年，北京奥运会的成功举办使得我国人民参与体育健身活动的热情空前高涨，这为我国体育健身休闲产业发展奠定了坚实的物质基础与广泛的群众基础。在此之后，体育健身休闲产业得到了持续的快速发展，人们思想观念的转变(“终身体育”观念的树立)更是促使休闲体育呈现出了蓬勃发展的势头。

三、我国体育健身休闲产业的发展现状

经过数十年的发展，我国人民的体育健身休闲观念得到了更新，体育人口迅速增加，体育健身休闲产业的市场体系初步形成。具体来讲，我国体育

健身休闲产业的发展现状呈现出以下特点。

(一)体育健身休闲价值观念日益提升

体育健身休闲观念是一种科学的价值观念与生活理念,这一观念的形成需要以一定的市场、资金、物品为依托。近年来,随着我国经济水平的不断提高,我国人民对休闲体育也产生了新的认识,比如人们开始意识到在参加体育健身休闲活动的过程中能够获得愉悦的心理体验。

体育健身休闲观念与中华民族固有的精神内核具有高度的一致性,要想更好地推动休闲体育的发展,就应将体育健身休闲观念与我国的传统文化结合起来,以使大众在心理上产生认同感。

(二)体育健身休闲市场体系初步形成

在判断一个国家的体育产业发展到了何种程度时,首先要看的就是该国的体育市场体系是否健全。体育市场体系作为一个多元化的市场体系,主要由体育服务市场、体育用品市场两部分构成。

20 世纪 80 年代初,在商业发展的促进作用下,我国的休闲体育产业获得了快速发展,人们也基本形成了良好的运动消费观念,运动设施的完善使得参与休闲体育活动的人数大大增加。当前,我国已基本形成了相对完善的体育健身休闲市场体系,具体表现为以下几点:①投资主体多元化,多种所有制并存;②平等竞争;③各级体育服务产品全面;④以体育健身市场为主体与核心;⑤体育健身休闲用品市场、健身运动营养补品市场等共同发展。

(三)体育健身服务多元化趋势明显

在我国,各类体育健身中心(或俱乐部)为消费者提供的体育健身服务主要集中在健美操、形体训练、体育舞蹈、各种球类运动、瑜伽、游泳、武术等项目上,不仅项目较为齐全,种类也十分丰富,能够满足不同人群不同层次、不同目的的需求,如健身、娱乐、休闲、交友聚会等。

四、体育健身休闲产业运作与管理的策略

要想进一步优化体育健身休闲产业的运作与管理,相关工作者可根据现实的经营状况,适当采取以下策略。

(一)无形产品有形化策略

体育健身服务产品属于一种非实物形态的无形产品,其最大特点即无法使消费者对产品产生直接印象,导致消费者对相关产品缺乏信心。针对无形产品的这一固有弱点,体育健身经营企业可采取无形产品有形化的经营策略,即由企业向消费者提供体育服务产品的有形线索,以帮助消费者了解产品优势。所谓"有形线索",可通过两种方式表现出来:第一,借助一些有形物(如健身场所的装修装饰、卫生状况、器材设施等),使消费者能够通过视觉观察并获得直观信息;第二,将健身服务的过程、环节、效果等通过文字、照片、视频等形式表现出来,以增强消费者进行体育健身休闲消费的信心。

(二)同类服务差异化策略

在体育健身休闲产业中,存在着很多性质相同的体育健身休闲企业,其所提供的服务在性质、类型上也并无较大区别。在这样的情况下,企业要想从同类企业竞争中脱颖而出,就要把握好自身的市场定位和消费者的需求差异,以提供多元化、个性化、特色化的服务,进而吸引消费者进行消费。

(三)服务功效优先化策略

在经济学理论中,功效是影响消费者购买动机的首要因素,即关系到消费者是否愿意购买某种服务的最主要因素是产品的功效。相比之下,价格、包装等因素的影响力相对较弱。

所谓功效,主要体现在使用功效、心理功效两个方面。判断产品或服务功效的标准即要看产品或服务是否兼具使用价值与审美情趣。

(四)重视情感人性化策略

简单来讲,重视情感人性化策略即"情感营销",其要求企业满足消费者的情感需求,在重视消费者个人的情感差异的基础上,通过情感广告、情感促销、情感口碑等形式推出人性化、个性化的服务,以增加消费者的情感消费,进而维持企业的可持续经营。

第二节　体育旅游产业的运作与管理

体育旅游的发展水平会在很大程度上影响到休闲体育的发展状况，同样地，休闲体育的产业化水平也会受到体育旅游产业的制约。要想更好地推动休闲体育产业化的进程，就要加强对体育旅游产业的运作与管理。本节将在论述体育旅游基本理论的基础上，分析体育旅游产业的定义与特征，并基于我国体育旅游产业的发展现状来探索体育旅游产业的运作与管理策略。

一、体育旅游的基本理论

（一）体育旅游的概念

体育旅游是体育活动与旅游活动相结合的产物，其概念可以从广义和狭义两个层面进行分析。广义的体育旅游指的是旅游者在旅游过程中所从事的一切身体娱乐活动、身体锻炼活动、体育文体交流活动及相对应的社会关系的总和。狭义的体育旅游则可以理解为，为满足旅游者的各项体育需求，通过发挥各项体育活动的诸多功能，来使旅游者的身心获得和谐发展，从而达到丰富社会文化生活的目的的一种活动。

（二）体育旅游的结构

如前所述，体育旅游是体育与旅游相结合的产物，但这并不意味着体育旅游是体育与旅游的简单相加。事实上，体育在与旅游结合的过程中，还会与其他的一些元素（如休闲、探险等）产生交集，这有利于丰富体育旅游的内容。体育旅游的结构大致如图 9-1 所示。

（三）体育旅游的基本类型

以不同的学科知识为依据，可将体育旅游分为不同的类型。例如，以休闲学为依据，体育旅游属于休闲体育的范畴；以旅游学为依据，体育旅游属于参与型自助旅游的范畴，等等。而如果以体育旅游的概念与属性为依据，

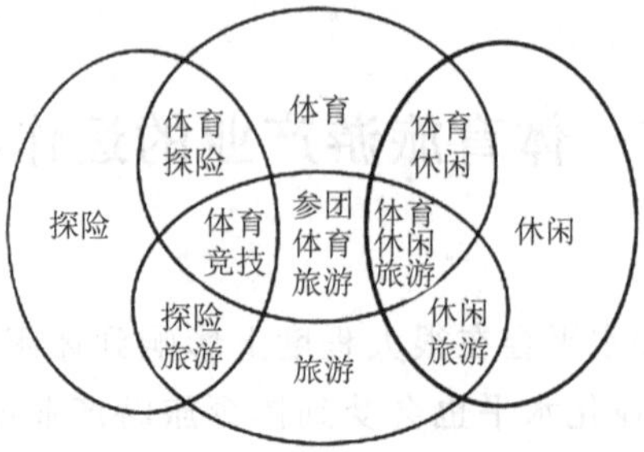

图 9-1　体育旅游的结构

再基于体育旅游的实践与特征，则可以将体育旅游分为参团体育旅游、自助体育旅游两大类，进一步细分还可再分为如图 9-2 所示的几种类型。

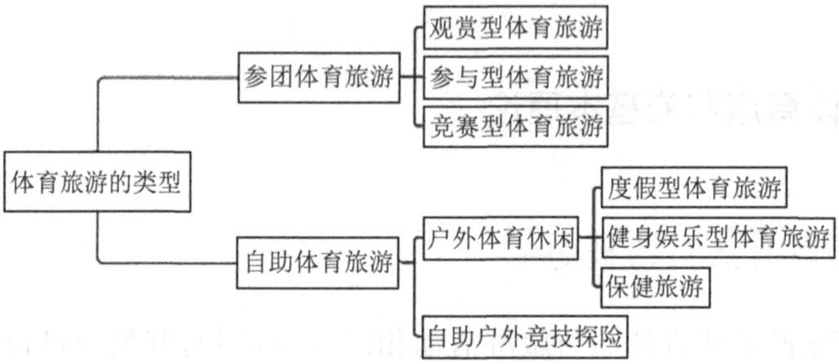

图 9-2　体育旅游的类型

二、体育旅游产业的定义与特征

（一）体育旅游产业的定义

体育旅游产业是一种以体育旅游资源为主要依托、以体育旅游者为主要服务对象的综合性产业，其包括直接体育旅游产业和间接体育旅游产业。其中，直接体育旅游产业指的是那些必须依靠体育旅游者的消费行为才能生存下来的产业，如交通通信业、旅馆餐饮业等；间接体育旅游产业则是指那些同样为体育旅游者提供产品与服务，但旅游者的消费行为并不会对其存在与发展产生直接影响的产业，如娱乐业、销售业等。

构成我国体育旅游产业的部门主要有五个，具体如表 9-1 所示。这五个部门有着共同的目标，即通过吸引体育旅游者来促进体育旅游目的地的经济发展，因此，这五个部门之间存在着相互促进、彼此带动的关系。

表 9-1　体育旅游产业的构成部门

部门名称	构成
体育旅游餐饮住宿业	宾馆、饭店、野营营地等
旅行业务组织部门	体育旅游经纪人、体育旅游经营商、体育旅游零售代理商等
交通运输通信业	航空公司、铁路公司、海运公司、邮政局等
游览场所经营部门	体育主题公司、体育运动基地等
目的地旅游组织部门	国家旅游组织、地区旅游组织、体育旅游协会等

（二）体育旅游产业的特征

1.综合性

体育旅游产业的综合性主要是由体育旅游者多样化的需求决定的。在参与体育旅游的整个过程中，体育旅游者的需求会集中在食、住、行、游、购、娱等多个方面，体育旅游产业要想全面覆盖消费者的需求，就要通过发展不同类型的企业来为旅游者提供其所需的各种产品与服务。

2.依托性

体育旅游产业的依托性主要体现在以下三个方面：

第一，体育旅游产业依托于国民经济的发展。只有当国民经济不断提高、人们的可支配收入不断增加时，体育旅游者的数量、消费频率才会逐渐上升，体育旅游需求也才能持续增加。

第二，体育旅游产业依托于体育旅游资源的开发。体育旅游资源是体育旅游产业得以发展的基础，一个地区体育旅游资源的丰富程度将会直接关系到当地体育旅游产业的发展情况。

第三，体育旅游产业依托于各行各业的通力合作。失去任何一个关联行业的支持，体育旅游的相关经营活动都会受到阻碍。

3.风险性

体育旅游产业作为服务业的重要组成部分，面临着极大的竞争压力，同时具有很强的风险性。社会上的各种影响因素一旦发生变化，都有可能对体育旅游产业的发展产生不利影响。此外，体育旅游产业的依托性也在一定程度上决定了其容易陷入“唇亡齿寒”的被动局面当中，进一步增加了其发展的风险性。

4.涉外性

随着经济全球化进程的不断深入，当前的体育旅游已成为一项跨国界的人际交往活动，一个国家既可以是体育旅游的客源国，也可以是体育旅游的接待国。由于不同国家在社会制度、社会文化、生活方式等方面存在较大差异，因此，体育旅游产业往往会表现出极强的政策性，且具有鲜明的涉外色彩。

三、我国体育旅游产业的发展现状

我国地域辽阔、资源丰富，这为我国体育旅游资源的开发创造了得天独厚的条件，传统文化的影响则进一步增添了我国体育旅游资源的民族特色。我国内陆众多的江河湖泊可用于开展漂流、划船等体育娱乐活动，名山大川则为登山、攀岩等活动的开展奠定了基础。在东北地区，有数十个天然滑雪场和国家级森林公园；而那些著名的海滨城市，如大连、青岛、三亚等，则是进行游泳、潜水、日光浴等活动的理想场所。

除了自然资源可用以支撑休闲体育活动的开展外，国家政策的支持同样为我国体育旅游产业的发展增添了助力。当前，国内有很多城市都将开发体育旅游产业视作促进当地旅游经济发展的新的增长点，并对其展开了科学的规划。政府主管部门还率先推出体育旅游产品，这对促进我国体育旅游产业的发展产生了十分积极的意义。

四、体育旅游产业运作与管理的策略

销售体育旅游产品是体育旅游产业运作与管理的核心内容，体育旅游产业的运作与管理探讨的主要命题即如何将产品推向消费者。在体育旅游产业运作与管理的过程中，体育旅游企业常采取的策略包括以下几种。

（一）无差异性目标市场策略

无差异性目标市场策略是指体育旅游企业将整个客源市场作为目标市场来进行经营的一种营销策略，其适用于客源市场对产品的要求不存在实质性差别的情况。具体来讲，无差异性目标市场策略适用于以下三种情况：第一，客源市场的内部需求虽存在一定的差异，但总体上来看，需求的相似度仍然较高；第二，客源市场内部需求存在实质上的差别，但差别群体的经济规模较小；第三，体育旅游产业内部的竞争程度较低，同时客源市场的需求强度较高。

通常来讲，无差异性目标市场策略能够通过由旅行社向市场提供标准化的产品，来降低产品开发、广告促销、市场调研、市场管理等环节的费用，这有利于企业形成规模经济。

（二）差异性目标市场策略

差异性目标市场策略指的是体育旅游企业在多个细分市场进行经营，并为存在明显需求差异的细分市场制定不同的经营方案的策略，其主要适用于以下三种情况：第一，客源市场的内部需求存在明显的差异；第二，按照细分因素划分出的各类客源市场均具有一定的经营价值；第三，体育旅游企业的规模较大，能够凭借自身的产品经营能力占领更大的细分市场。

与无差异性目标市场策略相比，差异性目标市场策略往往能够取得更加良好的绩效，这是因为差异性目标市场策略具有较强的针对性，满足市场需求的程度高，有利于企业提高市场占有率。但要注意的是，差异性目标市场策略要求企业向不同的细分市场提供差异化的产品，因而经营成本较高，这也是该策略不适用于所有企业的主要原因之一。

（三）市场营销组合策略

市场营销组合策略是指体育旅游企业基于所选定的目标市场，综合运用各种市场营销手段，以达到销售产品、获取最佳经济效益的目的。在制定市场营销组合策略时，应重点关注以下几点：第一，价格与促销方式的确定要服从于产品和分销渠道；第二，市场营销组合中的各要素策略的制定须在对各要素综合分析的基础上进行；第三，市场营销组合策略的界限取决于销售额或利润额是否还会增加；第四，市场营销组合策略的制定要有针对性，以免陷入恶性竞争。

第三节 体育赛事产业的运作与管理

随着传媒技术的发展和人们对精神文化生活追求的提高，体育赛事在全球范围内得到了良好的发展，它成为各个国家进行城市营销的一种重要手段，因此，对体育赛事产业进行运作与管理是势在必行的。本节首先对体育赛事的概念和分类进行分析，其次对体育赛事产业运作与管理的相关理念进行阐述，最后对体育赛事产业运作与管理的有效策略进行探究。

一、体育赛事的概念与分类

(一)体育赛事的概念

要想研究体育赛事的概念，就要先对体育比赛的含义进行了解。体育比赛是指在特定比赛规则允许的范围内所从事的体育对抗性活动的总称，其形式多样、内容丰富，是包含了多种要素的综合性竞技活动。体育赛事的概念与体育比赛的概念十分相似，不过，体育赛事的外延比体育比赛要大得多。体育比赛强调比赛的设施，体育赛事则更侧重于包括体育比赛的筹备、规划、实施、控制、收尾等在内的各种活动。

具体来说，体育赛事是以体育比赛为核心的各种活动的总称，它是一项十分复杂的活动，包含体育比赛的筹备、组织、实施等多个环节和内容，同时，它还涉及管理方面的许多内容，如媒体推广、门票销售、赞助商合作等。

(二)体育赛事的分类

按照分类标准的不同，体育赛事可以划分为不同的类型，具体如图 9-3 所示。

除了上述分类方式，还可以按照比赛的对象和标准来进行分类。如按照参赛者的年龄，可将体育赛事划分为少年比赛、青年比赛、成年比赛和老年比赛等；按照参赛者所在的行业，可将体育赛事划分为学生运动会、职工运动会、军人运动会等；按照赛事的制度化程度，可将体育赛事划分为职业赛事、正式赛事、半正式赛事、非正式赛事等。

二、体育赛事产业运作与管理的相关理念

体育赛事产业运作与管理的相关理念主要包括体育赛事的项目管理理念、营销理念、可持续发展理念，具体如下所述。

(一)体育赛事项目管理理念

1.项目管理基本特征

项目的整个生命周期包含四个阶段，即论证、规划、实施、收尾，每一个

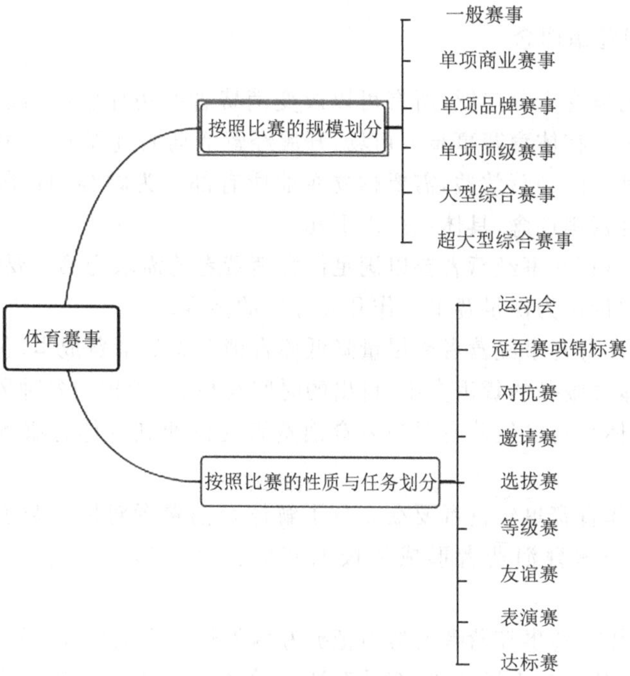

图 9-3 体育赛事的分类

阶段又可以细分为启动、计划、实施、控制四个过程。其中,启动过程需要接受上一阶段交付的成果,进而提出下一阶段的要求,并对下一阶段是否可以开始实施予以确认。计划过程则是按照启动过程所提的要求来制定计划文件,并作为实施过程的依据的。

2.项目管理理念的基本内容

体育赛事运作是对特定环境下一定体育赛事系统资源的一种管理,以使体育赛事项目在一定期限内获得最经济、最有效、最合理的效果。体育赛事也可以被看作是一个具有相应生命周期的项目,对体育赛事项目的管理就是在一定的时期内利用人员、物资、资金等资源完成一系列任务并最终实现一定目标的过程。

具体来说,体育赛事项目管理就是在战略计划的统一指挥下,通过运用各种管理职能,使不同重要程度、不同顺序的赛事管理要素得到管理,并最终实现体育赛事的目的与目标的过程。体育赛事项目管理会受到人员素质、内部资源、外部资源等因素的影响。

(二)体育赛事营销理念

1.宏观营销理念

营销的概念十分广泛,所有可以改变消费者经历体验的组织管理行为都属于营销。在体育赛事步入市场、开展经营活动的过程中,体育赛事经营者为获得良好的经营效益,需要树立企业所有部门为顾客利益服务而共同工作的整合营销理念,具体包括以下几点:

第一,体育赛事经营者要以满足体育消费者的需求为第一要务,将体育消费者的评价作为衡量赛事工作开展好坏的标准。

第二,体育赛事经营者要尽量降低体育消费者的消费成本,包括体育消费者获取体育服务的货币支出、付出的时间与精力、承担的各种风险等。

第三,体育赛事经营者要为体育消费者提供便利的体育服务及其他相关服务。

第四,体育赛事经营者要在充分了解体育消费者对体育赛事满意程度的基础上,与体育消费者形成积极的双向沟通,以获得其进一步的消费意向。

第五,体育赛事经营者要努力把握好内外经营市场环境,通过具体的体育市场环境分析与市场调研,有针对性地做好宣传促销、品牌推广等工作。

2.微观营销理念

微观营销理念主要包括体育赛事产品、体育赛事产品开发、体育赛事竞赛产品质量。

具体来说,体育赛事产品的整体概念包括三个层次,分别为核心产品、有形产品和附加产品;从体育赛事的角度来说,体育组织生产的产品可分为以竞赛为主的竞赛产品和与之相关的服务产品,其中竞赛产品就是赛事的核心产品。

体育赛事新产品的开发必须以市场需求分析为依据,这样才能生产出最能吸引目标群体的产品。

体育赛事竞赛产品质量主要包括两个方面:第一,赛事组织者的组织水平;第二,参赛选手的临场发挥水平和裁判的表现。

(三)体育赛事可持续发展理念

可持续发展强调将当代的发展与未来的发展相结合,从长远利益出发,将未来发展的可能性作为当代发展战略制定的前提条件,追求社会、人口、经济、环境、资源等不同要素的协调发展,不能因为眼前利益而忽视长远利益。

我国十分重视体育产业的可持续发展，我国体育赛事可持续发展的目标就是通过各种手段、措施来为体育赛事的发展提供良好的条件，以实现体育赛事的长期、可持续发展。体育赛事可持续发展理念要求正确处理各方面利益主体之间的关系，使各方受益。

三、体育赛事产业运作与管理的有效策略

（一）创新体育赛事经营管理理念

体育赛事的顺利举办离不开赛事经营管理者正确的经营管理理念，先进的经营管理理念在体育赛事产业运作与管理中发挥着重要作用。

关于体育赛事的经营管理理念，我国体育赛事经营管理者必须积极学习西方发达国家有关的成功经验，同时不断创新体育赛事经营管理理念。具体来说，可以采用俱乐部法人治理的体育经营管理制度、体育赛事经营权与管理权相分离的经营管理方式，一方面提高体育赛事经营管理者的积极性，另一方面提高体育赛事经营管理的灵活性。此外，体育赛事经营管理者还要根据我国的实际情况，探索出符合我国实际国情的体育经营管理新模式。

（二）重视培养体育赛事经营管理专业人才

体育赛事经营管理涉及的部门（如体育管理部门、政府行政部门、体育赛事赞助企业等）和具体内容（如门票管理、赛事产品服务、赛事赞助等）有很多，因此，体育赛事经营管理需要了解体育、经营、管理、法律等多个方面的复合型人才。

我国应该专门成立负责体育赛事经营管理人才培训的组织机构，并积极建设体育赛事经营管理人才培训体系，分级培养不同需要、不同层次的体育赛事经营管理人才，以满足我国不同层次体育赛事的人才需求。

（三）不断探索新的体育赛事经营体制

我国目前需要有效整合体育赛事主管部门的办赛权限，适量减少大型体育赛事的举办数量，但对符合我国实际国情的大型体育赛事要加大投入力度。

现阶段，我国体育赛事主要是由体育赛事项目管理中心负责审批、体育赛事项目协会负责经营管理的。我国应该不断探索新的体育赛事经营体制，如体育赛事的举办应该向体育文化活动的举办一样，受市场经济体制的影响，体育赛事项目管理中心只对管理协会负责，指导相关协会或体育俱乐部对体育赛事的策划、体育赛事产品服务的开发与营销、赞助商的选择、电视转播权的经营等进行自主经营管理，这种方式有利于活跃体育经营管理

市场,提高体育赛事行业内的竞争力,同时还有利于促进体育赛事经营管理的健康、有序、可持续发展。

政府有关部门可以增加一些政策性的支持,同时适当减少对体育赛事的资金扶持力度,并公开体育赛事的相关账目,不断提高体育赛事支出的透明度,这样才能推进体育赛事的良性发展。

(四)科学评估体育赛事

体育赛事经营管理者在决定举办体育赛事之前,必须全面、客观、准确、科学地对赛事、对社会经济等方面产生的影响进行评估,既不能忽视体育赛事所起到的积极作用,也不能夸大其带来的负面影响,要客观真实地分析体育赛事举办的利与弊。

政府在投资建设体育场馆时,要使其与城市的发展规划保持一致,以免造成体育场馆的闲置。另外,政府还要对体育赛事举办的地点进行合理调控,在举办体育赛事的过程中,还要对理论与实践进行合理论证,以免大型体育赛事的举办对本省、本市的发展以及人们的生活造成不利影响。

参考文献

[1]李晶，谢飞.休闲体育与全民健身[M].北京：光明日报出版社，2017.

[2]李相如，凌平，卢锋.休闲体育概论(第二版)[M].北京：高等教育出版社，2016.

[3]聂锐鑫，张开兰，杨晨飞.高校体育改革：休闲体育的理论与实践探究[M].北京：九州出版社，2017.

[4]郭振芳.休闲体育理论与实务及其产业化运作研究[M].北京：中国水利水电出版社，2016.

[5]张群力，唐建忠，吴智林.户外休闲体育研究[M].哈尔滨：东北林业大学出版社，2007.

[6]胡小明，虞重干.体育休闲娱乐理论与实践[M].北京：高等教育出版社，2015.

[7]张广智.史学：文化中的文化[M].上海：上海社会科学出版社，2003.

[8]周毅.旅游文化学[M].上海：上海交通大学出版社，2011.

[9]张宏，陈华.休闲体育管理[M].北京：中国人民大学出版社，2015.

[10]李岳峰，蒋仲君，张鹏.时尚休闲运动[M].北京：高等教育出版社，2007.

[11]朱寒笑.登山和攀岩技巧[M].北京：中国社会出版社，2008.

[12]闻兰.户外运动[M].北京：高等教育出版社，2005.

[13]《桥牌基础教程》编写组.桥牌基础教程 1——叫牌知识[M].成都：蜀蓉棋社出版社，2000.

[14]柳玉栋.中国象棋教科书[M].北京：华夏出版社，1989.

[15]马勇.休闲学概论[M].重庆：重庆大学出版社，2008.

[16]钱利安.体育休闲理论与实践调查研究[M].杭州：浙江大学出版社，2008.

[17]陶宇平.户外运动与拓展训练教程[M].成都：电子科技大学出版社，2006.

[18]王石安.冰雪运动[M].北京：人民体育出版社，2006.

[19]王述舜.围棋基础教程——入门篇[M].沈阳:辽宁教育出版社,1989.

[20]杨铁黎,苏义民.休闲体育产业概论[M].北京:高等教育出版社,2011.

[21]袁运平,凌弈.高尔夫球运动手册[M].北京:人民教育出版社,2001.

[22]杨丽.爱默生自然美思想研究[D].长沙:湖南师范大学,2013.

[23]刘买如.关于构建体育环境新学科的初步研究[D].武汉:华中师范大学,2005.

[24]张建滨.浅谈休闲体育与健康生活方式[J].文体用品与科技,2021(4):11-12.

[25]孙浩,孙殿恩,吕峰,王伟.全民健身与休闲体育的协调发展[J].黑龙江科学,2020,11(23):130-131.

[26]马庆,武陈,侯彦玲,张晶.新常态下休闲体育产业与旅游产业融合模式研究[J].冰雪体育创新研究,2020(21):11-12.

[27]温宇蓉.休闲体育产业化发展路径研究[J].辽宁经济管理干部学院学报,2020(6):11-13.

[28]张宜康.中国未来休闲体育发展趋势探究[J].风景名胜,2019(11):305.

[29]周玉玲,宋绍柱.文化、环境文化概念的新界说及阐释[J].辽宁教育行政学院学报,2014(1):26.

[30]林志军.探析休闲体育的组织与管理[J].当代教育论坛(下半月刊),2009(3):103-105.

[31]刘巍.休闲体育文化的价值和实现途径研究[J].文体用品与科技,2018(24):251-252.

[32]冯若旭.对我国休闲体育文化的思考[J].体育科技文献通报,2018,26(8):121-122.